COMUNICAÇÃO E SOCIABILIDADE

CENÁRIOS CONTEMPORÂNEOS

COMUNICAÇÃO E SOCIABILIDADE

CENÁRIOS CONTEMPORÂNEOS

Janice Caiafa
Mohammed ElHajji

organizadores

*M*auad X

Copyright @ by Janice Caiafa e Mohammed ElHajji (orgs.), 2007

Direitos desta edição reservados à
MAUAD Editora Ltda.
Rua Joaquim Silva, 98, 5º andar
Lapa — Rio de Janeiro — RJ — CEP: 20241-110
Tel.: (21) 3479.7422 — Fax: (21) 3479.7400
www.mauad.com.br

Projeto Gráfico:
Nucleo de Arte/Mauad Editora

CIP-BRASIL. CATALOGAÇÃO-NA-FONTE
SINDICATO NACIONAL DOS EDITORES DE LIVROS, RJ.

C739

    Comunicação e sociabilidade: cenários contemporâneos / organização, Janice Caiafa, Mohammed ElHajji. – Rio de Janeiro: Mauad X, 2007.

    Inclui bibliografia

    ISBN 978-85-7478-227-0

1. Comunicação - Aspectos sociais. 2. sociologia urbana. I. Caiafa, Janice. II. ElHajji, Mohammed

07-2306   CDD: 302.2
                                                          CDU: 007:316.4

Sumário

Apresentação — 7
Janice Caiafa e Mohammed ElHajji (orgs.)

Práticas Comunicativas no Espaço Urbano — 11

Comunicação e sociabilidade nas viagens de metrô — 13
Janice Caiafa

**Grafite revisitado.
Estética e comunicação de rua em Porto Alegre** — 35
Fabrício Silveira

**Comunicação, sociabilidade e
ocupações poéticas da cidade** — 55
Fernando do Nascimento Gonçalves

**Espaço e poder:
estratégias de resistência na sociedade de controle** — 75
Ana Julia Cury de Brito Cabral

Mídias e Configurações Identitárias — 91

Prontoparaoconsumo — 93
Patrícia Burrowes

**O "Olhar" do "Outro":
a imprensa argentina narra o futebol brasileiro** — 109
Ronaldo Helal

RPG *pop*: o jogo de simulação no *reality show* — 129
Maria Inês Accioly

**O apadrinhamento no mundo do samba como uma
significativa estratégia de mediação –
entre a roda e o mercado** — 143
Micael Herschmann e Felipe Trotta

TECNOLOGIA E PROCESSOS SUBJETIVOS 167

**Memória das comunidades étnicas
entre Tempo e Espaço** 169
Mohammed ElHajji

**O show da vida íntima na internet:
blogs, *fotologs*, *videologs*, *orkut* e *webcams*** 181
Paula Sibilia

**A expansão do eu na vida cotidiana:
a construção da subjetividade
em territórios telemáticos** 201
Beatriz Bretas

Apresentação

Os trabalhos desta coletânea exploram a vizinhança tão profícua dos conceitos de comunicação e de sociabilidade. A decisão de investir em um volume como este se deu no âmbito da linha de pesquisa Mídia e Mediações Socioculturais do Programa de Pós-Graduação em Comunicação e Cultura da Escola de Comunicação da UFRJ. Acreditamos que uma tendência importante dos trabalhos dos professores da linha consiste justamente na investigação desse campo problemático do fenômeno comunicacional agenciado a processos de sociabilidade.

Assim, coligimos trabalhos de alguns desses professores e de alguns alunos do Programa e convidamos colegas nossos que, no campo da Comunicação, também têm trabalhado com essa perspectiva. Daí a presença de pesquisadores que estão ou estiveram em algum momento ligados ao Grupo de Trabalho "Comunicação e Sociabilidade" da Compós (Associação Nacional dos Programas de Pós-Graduação em Comunicação). Trata-se de um grupo consolidado e que tem inclusive abrigado pesquisadores de nosso Programa. A reunião desses trabalhos resultou num livro que nos parece bem ilustrativo dessa temática que vem se desenvolvendo de forma expressiva no campo da Comunicação.

Não é uniforme a definição das duas noções, como sabemos – e a multiplicidade das posições é parte integrante das teorizações no campo –, mas precisamente a sua proximidade tem sido muito produtiva. Investigar como modalidades de comunicação produzem ou se agenciam com processos de sociabilidade pode ajudar a apreender o fato comunicacional em sua complexidade e em conexão com outros fenômenos de ordens diversas. Pode ajudar-nos a compreender as práticas comunicativas inseridas nos contextos de que emergem e que o estudo atento não pode ignorar. De fato, na diversidade das metodologias empregadas, essa perspectiva pode conferir toda uma concretude ao fenômeno comunicacional ao tomá-lo em suas características específicas e, ao mesmo tempo, em suas diversas conexões e contextualizações. É o que podemos observar na prática, seguindo uma tendência delineada no próprio campo das pesquisas em Comunicação.

Acreditamos que os trabalhos desta coletânea exploram essa temática em três principais direções: observando como certas práticas comunicacionais produzem sociabilidade no espaço urbano; como certas disposições tecnológicas configuram novas formas de sociabilidades ao afetar os processos subjetivos; e, finalmente, analisando as reverberações identitárias que modalidades midiáticas podem produzir em certos contextos sociais.

Na primeira parte da coletânea, "Práticas comunicativas no espaço urbano", Janice Caiafa investiga o metrô do Rio de Janeiro como um espaço de regulações onde a sinalização visual e os avisos sonoros direcionam a circulação, interferindo na ocupação desse espaço. Analisa então o caso dos avisos sonoros sobre assentos preferenciais, mostrando como esses ritornelos produzem efeitos nas relações que se estabelecem entre os usuários, contribuindo para gerar uma sociabilidade característica das viagens. Fabrício Silveira estuda os grafites e outras inscrições urbanas em Porto Alegre, assinalando seu caráter de intervenção no espaço da cidade. Analisa em seguida algumas matérias da imprensa local sobre a prática do grafite na cidade, explorando como essas repercussões na mídia comporiam um imaginário das inscrições urbanas em Porto Alegre e contribuiriam para uma midiatização ou ambientação midiática do grafite. Ana Julia Cury de Brito Cabral examina as novas formas de exercício do poder no contexto do capitalismo contemporâneo e mostra como elas reconfiguram o espaço das cidades – que tende a ser privatizado e comercializado, sobretudo com a presença emblemática da publicidade. Explora então os movimentos "culture jamming" e "Reclaim the Streets" como possibilidades de resistência a esses poderes. Fernando do Nascimento Gonçalves investiga as práticas de intervenções de artistas nas cidades como formas de mobilizar outros para a invenção e a ação. Apresenta em seguida o evento de arte urbana "CowParade" e discute seus aspectos mercadológicos, mas também outros que apontariam para uma estratégia de intervenção criativa no quotidiano urbano.

Na segunda parte, "Mídias e configurações identitárias", Patrícia Burrowes desenvolve uma reflexão sobre a conexão entre marketing, meios de comunicação e práticas de consumo, formulando o que ela chama de agenciamento coletivo do consumo. A sua análise expõe o modo como a difusão de modelos de identidade e estilos de vida por meio das mídias está de fato associada a uma visão empresarial do mundo, na qual os interesses privados, especialmente de lucro, se sobrepõem e subjugam os interesses coletivos. Por sua vez, Ronaldo Helal, ao examinar certas narrativas sobre a seleção brasileira de futebol na imprensa argentina, oferece subsídios para a compreensão do "olhar argentino" sobre "nós". Os resultados da pesquisa reservam algumas surpresas para o leitor. Maria Inês Accioly propõe uma definição do conceito de simulação que compreende a noção de jogo e estabelece um paralelo entre *reality show* e RPG. A sua reflexão parte da constatação de que uma imersão continuada no efeito de real deste tipo de interação deva alterar o sentido de "experiência" e de "acontecimento" na nossa cultura. Micael Herschmann e Felipe Trotta, por último, tomam a prática recorrente do *apadrinhamento* dos músicos como um estudo de caso capaz de revelar aspectos da sociabilidade que se constrói no mundo do samba: tanto nas chamadas *rodas* quanto no mercado. O estudo proposto parte da análise de matérias divulgadas na imprensa, letras de música, depoimentos concedidos por importantes atores sociais do universo da música e da observação de campo de algumas rodas de samba.

Enfim, na terceira parte, "Tecnologia e processos subjetivos", Mohammed ElHajji analisa o impacto das novas tecnologias sobre a organização mnemônica das comunidades étnicas. Explora, principalmente, a atual transição por que passam as formas de enunciação da identidade étnica, de produção de seu *ethos* e de gestão de sua memória coletiva. Trata-se da transição do espaço físico para um outro *continuum* cognitivo de natureza predominantemente info-temporal. Paula Sibilia, por sua vez, aborda a questão da exposição pública da vida privada e da intimidade dos usuários da internet através de dispositivos como as *webcams*, os *blogs*, *fotologs*, *videologs* e inclusive o Orkut. Modalidades de expressão e comunicação que seriam, segundo a autora, manifestações de um fenômeno mais amplo: certas transformações que atualmente atravessam as subjetividades e os "modos de ser", bem como as nossas formas de sociabilidade. Já Beatriz Bretas, refletindo sobre as possibilidades de construção de subjetividades em ambientes telemáticos, investiga os modos pelos quais vida real e vida virtual se afetam mutuamente no presente emaranhado sociotecnológico. Pois se novas formas de convivência e sociabilidade nos incomodam pela vigilância ubíqua, elas também nos surpreendem ao proporcionar encontros e compartilhamentos com o outro.

Acreditamos que esta coletânea mostra o empenho dos diferentes autores em elucidar as questões que se propõem e também como partilham certas preocupações. Não é o uníssono, mas com certeza o diálogo que organiza a comunicação entre os trabalhos que aqui figuram – uma direção comum na variedade, de resto bem-vinda, de objetos e de estratégias de pensamento.

Janice Caiafa
Mohammed ElHajji

Práticas Comunicativas no Espaço Urbano

Comunicação e sociabilidade nas viagens de metrô

Janice Caiafa[1]

Circuitos metropolitanos

O metrô é um lugar de circuitos precisos, em algum grau estipulados. Em qualquer metrô, o operador precisa estabelecer *regulações*. Assim, da superfície[2] ingressamos, através de algum acesso disponível, ao mezanino (espaço médio entre a entrada e a plataforma), onde os torniquetes precisam ser acionados para se atingir a plataforma. Nas estações de transferência, os percursos também precisam ser regulados, assim como na saída até a estação. A sinalização no metrô desempenha um papel importante para orientar os ocupantes desse espaço coletivo. Ela é em parte *informativa*. Até pouco tempo, no metrô do Rio de Janeiro, na saída do trem da linha 1 na Estação Estácio, em que se faz a transferência para a linha 2, não existia sinalização indicando onde era preciso ir para a transferência ou para a saída da estação. Havia quem se enganasse, tornando mais intenso o trânsito nesse *intermezzo*

---

[1] Doutora em Antropologia pela Universidade de Cornell, EUA, e professora associada da Escola de Comunicação da Universidade Federal do Rio de Janeiro.
[2] A típica estação de metrô, a que melhor realiza esse tipo de transporte, é a estação subterrânea (Lamming, 2002), embora muitos sistemas tenham estações de superfície e elevadas, como é o caso da linha 2 do metrô do Rio de Janeiro.

das duas linhas. A sinalização do metrô pode ser também *restritiva* e, de fato, sempre é em alguma medida. Esse aspecto restritivo aparece mais claramente, por exemplo, na lista de proibições afixada nas estações do metrô do Rio de Janeiro – em convivência tanto com a mangueira de incêndio quanto com os anúncios que se querem mais sedutores, como os que buscam convencer os clientes sobre a qualidade do serviço do metrô. Contudo, esse espaço a princípio estriado, marcado de *requisitos* para circular, pode oferecer no mesmo golpe uma fruição àqueles que provisoriamente o ocupam. Junto com as imposições e seus efeitos de poder, gera-se um *ritmo* urbano, uma *tensão* que nos ensina a nos deslocar coletivamente. Em certa medida deixamos os gestos familiares e automáticos em prol de um exercício de corpo nesses circuitos metropolitanos. Há um estranhamento do familiar típico dos encontros citadinos e portanto, em alguma medida, um aspecto criador nessas exigências.[3] Por outro lado, o sobreinvestimento no aspecto restritivo da regulação tende a obstar essa experiência criadora do deslocamento coletivo.

O trem do metrô também é um veículo exigente. Compreende-se em parte, por exemplo, os avisos sonoros que solicitam que os passageiros se encaminhem "para o centro do carro" nos nossos trens no Rio de Janeiro.[4] Junto com o comando, ou apesar dele, há uma aprendizagem nossa, não sem interesse ou criatividade – aprendemos a pensar nos outros que vêm atrás de nós, a colocar o corpo junto com eles. Essa preocupação operacional e em certo grau de cunho restritivo evoca ao mesmo tempo um aspecto da convivência coletiva que é um dos atrativos da viagem no ambiente ordeiro e tecnológico dos trens.

---

[3] Desenvolvi este ponto em "Solidão povoada: viagens silenciosas no metrô do Rio de Janeiro".
[4] O sistema de metrô do Rio de Janeiro tem duas linhas, a 1 e a 2. A linha 1 é a mais antiga e tem 18 estações. Estende-se desde o bairro da Tijuca, na Zona Norte (Estação Saens Peña), até Copacabana (Estação Cantagalo). A linha 2 liga a Estação Estácio (estação de transferência) a outros bairros da Zona Norte, chegando até a Estação Pavuna. São 15 estações na linha 2.

Estação Carioca – *Foto*: Vladimir Freire

As viagens de metrô podem ser muito solitárias, como parece ocorrer no metrô do Rio de Janeiro. Em "Solidão povoada", tentei mostrar como uma intensidade particular se desenvolve na *polidez* desses encontros metropolitanos – na conversa, na leitura em ambiente coletivo e mesmo na contemplação silenciosa de desconhecidos. Mais recentemente, nessas viagens freqüentemente silenciosas, uma certa modalidade de exigência ou regulação vem assumindo crescente importância e interferindo diretamente nas relações entre os passageiros. São os avisos sonoros sobre os assentos preferenciais para idosos, deficientes, gestantes e adultos com criança pequena. Trata-se dos hoje famosos "assentos de cor laranja", localizados na lateral do trem. São oito por vagão – dois em cada extremo das duas fileiras laterais. Estas ficam encostadas em lados opostos e cada uma em um lado do vagão. Em frente a cada uma delas há uma fileira de bancos duplos, todos verdes – que é a cor dos assentos comuns do trem. No meio dos bancos de cor laranja, há quatro assentos também na cor verde. Nos dois extremos do vagão há duas fileiras de assentos verdes dispostas lateralmente. O espaço para viajantes em pé é amplo. Segundo a Rio Trilhos,[5] um vagão sem cabine de condução pode transportar 378 passageiros, sendo 48 sentados, e o tipo de vagão que tem cabine de condução transporta 351 passageiros, sendo 40 sentados.

Acima das grandes janelas que ficam atrás dos bancos preferenciais, sobre a parede do trem, há o alerta visual. Uma placa indica o número da lei que tornou obrigatórios os assentos preferenciais. É a lei municipal 317/82.[6] De acordo com a mesma lei, "um cartaz com os seguintes dizeres" deve ser colocado no local: "Você não está proibido de sentar-se nestes lugares, mas lembre-se que eles são destinados a Deficientes Físicos, Gestantes, Pessoas Idosas e Pessoas acompanhadas de crianças até 5 (cinco) anos – Colabore!!" O texto que encontramos no trem é ligeiramente diferente: "O Senhor não está proibido de usar estes lugares, mas eles são destinados, de forma privilegiada, a gestantes, idosos e aos beneficiários de passe especial para portadores

---

[5] O metrô foi inaugurado para operação comercial em 1979, com cinco estações, estendendo-se da Estação Praça Onze à Glória. A Companhia do Metropolitano, ativa desde 1975 e ligada à Secretaria de Estado dos Transportes, foi encarregada da construção e operação do metrô. Em abril de 1998 foi realizada a transferência dos serviços da rede metroviária para a empresa Opportrans – consórcio das empresas Comestrans, Banco Opportunity e Valia –, desde então encarregada da operação e da manutenção do sistema por 20 anos. A propriedade do patrimônio do metrô, contudo, continua sendo do Estado. Em 2001, a Companhia do Metropolitano entrou em processo de liquidação e foi criada a Rio Trilhos, que absorveu todos os seus ativos e é atualmente encarregada da expansão do sistema metroviário. Também presta assistência à Asepe – Agência Reguladora de Serviços Públicos Concedidos – para a fiscalização do trabalho da concessionária.

[6] "Art. 1º. Fica o Poder Executivo autorizado a tornar obrigatório nos veículos de Transportes Coletivos – Ônibus e Metrô a reservar em local privilegiado, 2 (dois) assentos de cada lado do veículo, quando ônibus, e 4 (quatro) assentos de cada lado do vagão, quando metrô, para serem utilizados por Deficientes Físicos, Gestantes, Pessoas Idosas ou Pessoas acompanhadas de crianças até 5 (cinco) anos de idade." http://www.pbh.gov.br/leisdeidosos/rio_de_janeiro/rio_de_janeiro/riodejaneiro-lei317-82.htm

de deficiência física e mental ou de doenças crônicas". Em vez de "você", "senhor". A enumeração eliminou as pessoas com crianças de colo e desapareceu a forma mais coloquial e amigável do final "colabore!!". É uma versão mais seca. Uma outra placa ilustra as categorias beneficiadas pela lei com desenhos esquemáticos – o idoso, o deficiente, a gestante e a pessoa com criança no colo (que aqui é mencionada). O aviso sonoro reforça o visual e parece querer frisar que aquilo não é mera retórica, pedindo obediência.

Foto: Vladimir Freire

Entre os usuários com que conversamos, nenhum nega a eficácia desses avisos. Uma usuária, que é inclusive a favor dos avisos, observa:

> *Aí eu noto, já percebi isso de uns tempos pra cá. As pessoas têm isso como hábito. Porque, de tanto falar, vai ficando na cabeça das pessoas. Eu noto isso.*

Ritornelos

"Os bancos de cor laranja são preferenciais para idosos, deficientes, gestantes e pessoas com criança de colo. Seja solidário, ceda o lugar."

É o que a voz feminina gravada diz assertivamente e constantemente durante as viagens. De minha parte, como usuária do metrô, acompanho há muito tempo esse aviso e vivo com os companheiros de vagão tanto a questão dos assentos preferenciais quanto o problema mais geral de sentar ou não sentar nas viagens. Em algum momento – que ainda não posso precisar quando, mas provavelmente nos últimos quatro ou cinco anos –, curiosamente, desapareceu a palavra "obrigada". Antes, dizia a voz metálica e regular: "... ceda o lugar, obrigada". Esse "obrigada" não está mais lá. No aviso atual foi preciso colocar ênfase no "o" – "ceda *o* lugar" – para poder produzir um final descendente e fechar o texto. E acaba assim, sem mais mesuras. O aviso não quer persuadir nem conquistar, apenas deixar claro. O desaparecimento desse "obrigado" sempre me intrigou – e agora ainda mais no contexto da pesquisa e com a importância crescente dessa problemática, tão visível nas viagens.

A recitação interfere na paisagem sonora do trem – superpondo-se ao ruído mecânico do veículo, rivalizando um pouco com as palavras de quem conversa e talvez alertando quem viaja calado e absorto. Ao mesmo tempo, é uma interferência esperada porque vem sendo repetida exaustivamente e em momentos determinados que começam a ficar conhecidos dos passageiros – esse conhecimento mecânico do automatismo. Também seu caráter formulaico tende a integrá-la no ambiente sonoro total do trem. Isso não quer dizer que a mensagem não tenha eficácia – ela se destaca à sua maneira. Ao contrário, um refrão ou ritornelo costuma induzir a respostas precisamente por seu caráter repetitivo, previsível e exaustivo.

Não é incomum que as pessoas reajam ao anúncio com olhares dirigidos aos lugares reservados e às pessoas mais jovens que eventualmente os ocupam. É notável também como cada vez mais esse alerta vai funcionando como uma lembrança daquilo que parece já se saber no momento mesmo do embarque. Muitos idosos já se dirigem aos assentos que lhes são destinados. Os passageiros não contemplados pela preferência parecem posicionar-se no espaço do trem a partir dos assentos de cor laranja – seja ficando de pé mesmo quando os assentos estão disponíveis e não há idosos em torno, seja conquistando um banco verde para si. Acredito que seja difícil hoje sentar-se num banco laranja sem uma consciência desse ato – ao menos é o que indicam os depoimentos que veremos em seguida e a minha própria experiência como usuária. Em qualquer caso, a observação etnográfica mostra que a presença marcada dessa questão – na oficialidade das placas e na insistência do alerta sonoro – tem interferido expressivamente no quotidiano das viagens. Essa *comunicação unilateral* tem tido o poder de produzir certas ações e novas situações comunicativas no trem, contribuindo para a sociabilidade das viagens.

Sentar-se num veículo coletivo é um ponto que todo usuário considera. Dificilmente alguém não vai ter interesse em buscar um assento num ônibus ou num trem.[7] Há gente que viaja cansada. Mesmo que os percursos não sejam longos no pequeno sistema de metrô do Rio de Janeiro, as pessoas procuram lugares e parecem desejar se sentar. Achar ou não um assento é um problema típico das viagens em transporte coletivo. É portanto esperável que uma interferência persistente no encaminhamento desse problema anime as viagens, ponha as pessoas em algum tipo de relação. Além disso, as necessidades especiais de alguns passageiros são parte de tudo isso. São um aspecto constantemente presente no jogo da escolha de assentos, nessa dança das cadeiras – e que, potencializado aqui pela ladainha, assume novos contornos.

---

[7] Em conexão com este ponto, existe a questão do empurra-empurra em hora de pico, muito mencionada pelos usuários e de que trataremos futuramente na pesquisa.

Sobre cores e assentos

Ninguém se declarou contra a existência de assentos preferenciais, mesmo que as vivências da questão sejam diferentes. A observação mostra que as pessoas cedem lugar a esses passageiros amparados pela lei dos assentos preferenciais, o que talvez independa dos ritornelos de alerta. Luíza observa que existe solidariedade no metrô, embora entenda a necessidade da lei, "de uma regra, de uma marcação", "principalmente aqui no Brasil". Mas acrescenta:

> *Embora o metrô saia um pouco dessa regra, porque parece que quando as pessoas entram no metrô, elas entram em outro mundo, parece que todo mundo fica mais solidário.*

De fato, alguns observam que no metrô as pessoas, por exemplo, não jogam lixo no chão, ao contrário do que se faz por toda a cidade. O ambiente diferenciado, *clean*, do metrô carioca parece estimular também um cuidado e às vezes até uma cerimônia por parte das pessoas, como indicam as entrevistas. Mas claro que não determina por si só um comportamento e outros fatores estão decerto presentes na solidariedade que pode se instalar ali, uma ética com que talvez se possa contar.

> *Há quem não respeite. Há quem não respeite a regra, né? Mas acho que 90% dos usuários respeitam* – comenta um usuário em conversa na linha 1.
>
> *Eu acho que sim* – contou André –, *eu acho que as pessoas são bem solidárias, sim, a esse respeito. Eu acho que até quem não tá no assento reservado pra idosos ou a pessoa grávida sempre dão. Até quem não tá nesses assentos que é reservado pra pessoa idosa, quando eles vêem uma pessoa idosa em pé eles dão o assento, sim.*
>
> *As pessoas teriam que ter um pouco mais de consciência, porque nem todo mundo, quando tá cheio, cede lugar. Mas eu acho que a mentalidade no metrô é melhor, as pessoas são mais solidárias, talvez por um poder aquisitivo mais alto,*

quem anda de metrô e tudo, eu acho que as pessoas têm mais consciência do que nos ônibus, na rua. Acho que no metrô isso é mais respeitado – observa uma usuária, grávida na ocasião.

Alguns comentam que o anúncio é útil. Uma usuária mostra que entendeu sua função:

> *Às vezes porque a pessoa tá com pressa, senta, nem percebe que tá sentado no assento, daí vem o aviso, a pessoa olha, "ih, tô no assento preferencial".*

Outros não gostam, como esta usuária:

> *Às vezes é meio chatinho, né. Ficam lembrando, lembrando. Eu acho mais isso aí, ela informar a estação, a integração, eu acho que é mais útil.*

Há também a estudante de escola pública que não gosta de nenhuma interferência sonora no trem:

> *– Os avisos também eu não gosto.*
>
> *– Por quê?* – perguntei.
>
> *– Porque eu já tô cansada de ouvir essa mulher com essa voz irritante falar todo dia. Todo dia ela fica falando a mesma coisa, ah, eu não agüento. Todo dia ela fala. O que eu não gosto também é que tem pouco assento também.*

Alguns percebem os avisos como parte do clima geral que se instaura em torno dos assentos reservados. Como o usuário da linha 2 que observa:

> *Eu acho que cria um mal-estar ali naquela pessoa jovem que esteja sentada.*

Há uma convergência nas entrevistas com respeito a três situações ou posições – são tendências que a análise não pode ignorar: que os idosos (eles são em maior número que as outras categorias e são mais freqüentemente referidos pelas pessoas) não deveriam se sentar nos assentos verdes; que os assentos laranjas têm que ser cedidos aos idosos e às outras categorias de qualquer maneira, como se se tratasse de assentos exclusivos; e a menção ao fato de que as pessoas passaram a evitar os assentos de cor laranja mesmo que estejam vagos e que não haja idosos por perto. Estes dois últimos pontos são visíveis nas viagens e tenho constatado que assim se dá.

> *Mas tem gente que já exige muito porque a entrada no Estácio, se tem pra idosos, eles sentam no verde, no caso o deles serem o laranja. Eu já acho isso errado* – comenta um usuário em conversa num trem da linha 1.

> *Só uma coisa assim que eu não acho certa* – declarou uma usuária. – *Às vezes a gente entra e pessoas idosas estão sentadas do lado de cá. Até tem esse áudio dizendo. Então a gente senta ali mas tem que dar preferência. Aí eles sentam aqui e fica ruim pra gente, né... porque a gente fica em pé.*

Um outro usuário critica as pessoas que não cedem lugar e observa:

> *E aí, obriga às vezes o idoso a sentar no banco verde e tirar o lugar de outra pessoa. Eu, por exemplo, cansei de levantar pra dar lugar pra gestante e pra idoso quando a pessoa que tá sentada ali não levanta, não tá nem aí.*

> – *O que você acha dos assentos preferenciais?* – perguntei a uma usuária das linhas 1 e 2.

> – *Não, eu sou a favor* – respondeu. – *Eu só acho errado porque muitas vezes os próprios idosos não sentam nos assentos preferenciais, eles sentam no verde. Aí você tá sentado lá e aí, tipo, eles estão pegando um lugar. Apesar de que, se eu tiver sentada aqui e tiver tudo cheio, eu vou dar meu lugar pra um idoso. Mas eles não usam os lugares que são preferenciais pra eles. Na linha 2 então é freqüente. Eles não sentam no laranja, eles só sentam no verde.*

– *Mas será que o laranja dá vazão pra todos eles?*

– *Dá, dá. A quantidade de gente idosa... Quer dizer, na hora que eu pego que eu tô falando, de noite. A quantidade de idoso dá vazão sim, porque não tem muito idoso andando na rua sete horas da noite. Eles sentam no verde mesmo, não sei por quê.*

– *Mas eles podem sentar no verde* – argumentei.

– *Não, claro. Preferencial não quer dizer exclusivo, é preferência deles. Só que eu acho isso errado porque assim: se a gente tá sentado lá e entra uma pessoa, claro que a gente levanta pra dar. Mas se tá vazio, por que eles sentam aqui ocupando um lugar que seria nosso? Entendeu? É isso que eu quero dizer.*

Durante as minhas viagens já ouvi uma conversa entre um grupo de moças em que o problema de os idosos sentarem nos bancos verdes estava em questão. Foi no dia 18 de março e eu estava num trem da linha 1 no sentido Zona Sul. Escrevi no diário de campo:

Entraram três moças com um certo alarido. Uma delas se sentou a meu lado, num daqueles bancos preferenciais. Eu estava num dos verdes. Ela segurava um cabide com um vestido de menina pequena sob um plástico. Mostrava às outras e depois guardou numa sacola de papel. Logo as outras duas foram se sentar nos outros bancos laranjas. Fiquei observando porque essa situação se tornou de alguma forma irregular nas viagens de metrô – gente mais jovem nos assentos preferenciais. Havia um idoso de pé mais ou menos perto da garota a meu lado. Ela demorou um pouco mas acabou levantando e cedendo o lugar para ele. Durante aquela demora senti sua hesitação e mesmo uma apreensão até que se decidisse. Foi ter com as outras, ficando em pé diante delas. Tentando ouvir o que diziam sob o barulho do trem, vi que aquilo que havia captado naqueles minutos de hesitação procedia. Elas falavam justamente sobre os assentos preferenciais. As duas sentadas defendiam o direito dos idosos de se sentarem ali. A moça de pé não estava muito certa e disse qualquer coisa sobre os idosos se sentarem também nos outros bancos. A que estava na ponta, uma loura, disse: *"Eles podem sentar nos outros bancos também."* "Mas – continuou a de cabelo escuro, que estava de pé – *estes aqui é que são deles"*.

Trata-se de uma interpretação peculiar do "preferencial" como exclusivo, em que a exclusividade se volta contra os beneficiados. Os idosos só poderiam sentar nos bancos laranjas. Se estes são obrigatoriamente destinados a eles – e portanto seriam exclusivos e não preferenciais –, os outros lhes estão vetados sob o mesmo regime de exclusividade, mas agora numa curiosa inversão. Essa interpretação já aponta para o clima de confronto que está se produzindo nas viagens. As pessoas começam a querer garantir o seu. Presente aqui está certamente o problema do reduzido número de assentos – facilmente constatável se observarmos o espaço para passageiros de pé, bem mais extenso em comparação ao dos assentos. Este ponto é diretamente mencionado por alguns usuários também – como na fala da estudante que citei mais acima. Há que considerar ainda a superlotação, de que os usuários falam muito, sobretudo referindo-se à linha 2, mas também à linha 1. Retomaremos estes dois pontos mais adiante, mas há que se assinalar desde já o seu papel na problemática dos assentos num ambiente em que um alerta sonoro interfere constantemente com a formulação de uma regra e num tom exigente. O problema de se garantir fica agravado e pode resultar nesse estilo "a cada um o seu", apesar da solidariedade tantas vezes apontada. É talvez porque esta tenha que ser cuidadosamente construída e a obrigatoriedade, se enfatizada, pode atrapalhar por vezes.

Os beneficiários da reserva de assentos também reclamam constantemente o seu nas entrevistas. Eles têm talvez tanta razão quanto os outros, mas o que se nota é, como indiquei, uma situação de confronto. Como me contou um idoso, quando ele vê jovens sentados nos bancos laranjas, chama a atenção deles:

Eu digo mesmo: aí, tá doente? Cheio de jovem e parecem que nem vêem.

É palpável nas viagens a intensidade da expectativa de muitos idosos que se colocam imediatamente ao lado dos bancos reservados. Já presenciei muitas situações de cobrança. Claro que há aqueles que agem com sobriedade, aceitando alegremente ou mesmo às vezes recusando o oferecimento. Há os idosos que exigem os seus lugares e há também os que aceitariam uma gentileza mas que não se sentem bem com a imposição. Parece que a obrigatoriedade que está se impondo nas viagens pode acabar por constranger os próprios beneficiários. Numa ocasião, uma senhora, após alguma insistência, aceitou delicadamente o banco verde a meu lado e comentou comigo que fica muito sem graça com aquilo.

Também é preciso assinalar que há certamente os usuários que não acreditam que os bancos verdes estão proibidos para os idosos, como mostram as conversas que tivemos. Inclusive, esta crença teve menos incidência que aquela que postula que ninguém pode sentar nos assentos laranjas, salvo as categorias beneficiadas. Mas essas duas tendências são constatáveis e, a meu ver, sintomáticas dessa situação que está sendo construída no quotidiano do metrô.

– Agora, eu teria uma observação a fazer, o seguinte – me disse um senhor em conversa na linha 1. *– Você vai escutar, como vai escutar várias vezes, "os bancos de cor laranja são preferenciais...". Eu acho que essa cor laranja deveria ser mudada. Eu vou explicar pra você por quê. Porque nem sempre todos são laranjas. Ó, escuta só –* o anúncio soava e paramos um pouco para escutar. *– As pessoas não respeitam, entendeu, jovens usam e não respeitam, eu acho que devem ser mais enfáticas as coisas. "Pertencem, só podem ser usadas por pessoas de não sei quê", e ainda pintar o banco de outra cor.*

– Por que não laranja?

– Porque essa laranja, se você olhar, tem cara que parece laranja, tem cara que parece marrom, tem outros que parecem cor de abóbora.

– E que cor o senhor acha que deveria ser?

– Um vermelho mesmo.

– Vermelho?

– Vermelho. Uma cor assim mais forte.

– E o senhor acha que o texto tinha que ser assim "pertencem...".

– Ah, eu acho que o trecho deveria ser isso. Porque tem gente... Eu, por exemplo, já aconteceu comigo... Eu tenho 63 anos, já vi jovem ficar sentado e não... Na minha idade não existia isso, né. Na minha idade, você levantava pra dar lugar a um mais velho, seja em que situação fosse.

– Mas o senhor acha que algumas pessoas não cedem?

– Não, claro que não.

– Já aconteceu com o senhor?

– Já, várias vezes.

– Agora, eles são preferenciais, né, não são exclusivos.

– Pois é, mas é isso que eu digo, devia mudar. Em vez de ser preferencial, "são exclusivos para..." Porque às vezes até uma senhora fica constrangida. Por exemplo, uma senhora que tá em pé, igual aquela lá, né, ela ficaria constrangida. Às vezes uma pessoa tá sentada ali, que pode ser até filha dela, e não levanta, não tá nem aí.

– Certo. O senhor sabe que eu já cedi lugar pra senhores que não aceitaram.

– Tem, existe isso. Talvez até porque você seja moça, e aceitar lugar de um cavalheiro, então por questão de cavalheirismo. Deve ser isso.

Essa outra interpretação equivocada do "preferencial" como "exclusivo" também viceja num contexto de enfrentamento que o estilo impositivo dos anúncios facilita. A invocação do vermelho, na fala acima, por exemplo, é expressiva.

Assinalemos que essa segunda modalidade de confusão entre preferencial e exclusivo não ocorre apenas aos que se qualificam para ocupar os assentos. Parece que muitos têm a mesma crença. É muito comum que a pressão para desocupar os assentos que vão se tornando proibidos parta de qualquer um. Esse "qualquer um" ativo em gerenciar a ocupação dos assentos nos trens aponta para uma *generalização da vigilância*. A palavra "vigilância" foi sugerida por um usuário, como veremos a seguir. Vários usuários relatam que já ouviram comentários sobre atitudes de jovens ou menos velhos que vão sentados nos bancos laranjas:

Já ouvi gente falando – comentou Carlos, que é a favor de se chamar a atenção de quem não cede o lugar – *"Ah, a pessoa não se enxerga, né? Olha só, vira a cara". A pessoa tá em pé, eles não dão o lugar, entendeu?*

O pessoal joga a letra – observou um usuário habitual da linha 2 do metrô – *"Como é que é rapaz, não se manca não? Não é tua mãe que tá aqui não!", e tal.*

Um outro usuário da linha 2, que poderia ter em torno de 40 anos, conta como ele e outros fizeram um grupo de estudantes levantar para uma moça que não se sentia bem:

A gente pediu, eles levantaram, entendeu? A gente pediu, eles levantaram, mas geralmente eles são abusadinhos. Eles são os primeiros a entrar no carro, são os primeiros.

Com tanta pressão, um resultado esperável é que os assentos laranjas sejam evitados a todo custo por muitos, apesar da alegada necessidade dessas empreitadas para garantir o cumprimento da lei. Muitos usuários relatam que não ocupam esses assentos mesmo que não haja nenhum beneficiário por perto. Como já assinalei, a observação direta mostra que isso se dá. Eu mesma constantemente vejo esses assentos vazios quando entro no trem e cada vez mais isto acontece. É uma tendência clara nas viagens. Sandra observa que não gosta de sentar nos bancos laranjas:

Porque se vier uma pessoa, você senta, você tem que levantar, né?

Porque eu já não sento ali, porque eu vou ficar num jogo de senta e levanta – observa Ivan, usuário da linha 1. – *Eu não uso aqueles assentos e como os outros geralmente estão ocupados, eu geralmente viajo de pé. Eles se colocam na frente das pessoas naquela atitude de "aquele lugar é meu então deixa eu sentar". Eu tenho notado aquilo cada vez mais. Então aqui é muito interessante ficar observando a interação entre as pessoas em relação àqueles assentos preferenciais.*

Há muitas afirmações desse tipo – tanto depoimentos sobre como eles mesmos agem assim quanto referências à observação desse comportamento em outros. Também eu tantas vezes não me sento aí para justamente não ter o trabalho de levantar. Freqüentemente, portanto, observam-se bancos laranjas ociosos e isto num vagão de poucos assentos. De fato, alguns usuários mencionam o reduzido número de assentos. A observação direta constata que é assim, tanto na relação com o espaço aberto para viajar de pé quanto em comparação com outros metrôs, como, por exemplo, o de Nova York e o de Paris.

Mas se trata de um jogo de cidadania – observa Ivan – *e o metrô também é precário em termos de assento, tem que ter mais assentos e é possível, porque os carros do metrô no Rio de Janeiro são grandes. Os carros em Paris são muito menores, talvez 30% menores que os daqui, e têm o dobro de assentos que os nossos. Então é isso em relação aos assentos preferenciais. Fica um ambiente com um jogo de relação estranho ali.*

Eu acho que ele foi estruturado pra isso, porque são poucos assentos – comentou um usuário das linhas 1 e 2.

Eu acho que deveria ter mais. Se não prejudicasse, como se diz, no espaço físico, de repente, pessoas sentadas não prejudicassem muito as pessoas que ficarem em pé, que é um número bem maior.

Além disso, vários usuários afirmam que é muito menos freqüente as pessoas cederem seu lugar na hora de pico, quando o trem vai lotado. Inúmeros outros depoimentos sobre a superlotação nesses horários nos levam a considerar também este ponto como parte da longa história dos assentos preferenciais.

São dois problemas anteriores ao confronto por lugares: o número reduzido de assentos no trem (e também nas plataformas) e a superlotação em horário de pico. O primeiro é estrutural, diz respeito à construção do metrô e o carregamos conosco até hoje nas viagens. O segundo diz respeito à operação desse transporte. É de fato aí que o operador poderia talvez agir, muito antes de alertar para uma desocupação obrigatória de alguns assentos. É claro que a proteção dessas categorias de passageiros por lei é justa e bem-vinda. Aliás, como já vimos, nenhum usuário parece duvidar disso. A insistência assertiva e até autoritária, e ainda exaustivamente repetida, para que se faça um certo uso específico dos lugares é que parece estar construindo um enfrentamento e, por sua vez, substituindo outras medidas fundamentais e que deveriam – estas sim – ocupar os operadores. São elas: colocar mais carros considerando as horas de pico e aumentar a freqüência das linhas, e assim encaminhar a flagrante falta de assentos de outra forma. Com uma operação assim mais ágil, a probabilidade de sentar aumenta para todos, há mais conforto e menos disputa. Com esse estilo impositivo que elegeram, os operadores parecem querer aparecer como justiceiros, preocupados com o bem-estar dos mais fracos. Mas de fato trata-se apenas da pior maneira de encaminhar o problema estrutural da falta de assentos e o operacional de satisfação insuficiente da demanda. No mesmo golpe, impõe-se persistentemente uma regra aos passageiros quando tudo parecia indicar que poderiam resolver o problema entre si, já que os vemos encaminhar bem outras questões de convivência coletiva no metrô.

Seria preciso dar algum crédito às pessoas, confiando que elas vão resolver por si mesmas as questões éticas com que se defrontam nas viagens. A presença da lei, importante que é, não poderia se sobrepor a essa chance dada às pessoas. É "um jogo de cidadania", como observa Ivan. A interferência excessiva nesse jogo rouba a atividade das pessoas. E, contudo, elas costumam se relacionar bem em geral com o aspecto ordeiro e polido do metrô – desenvolvendo por si só atitudes de convivência coletiva, tal como não jogar lixo no chão e mesmo ceder lugar aos que precisam mais. É o que observam muitos usuários e o que indica a observação direta. Com melhores condições de viagem, estariam, creio, mais prontas ainda à solidariedade, prontas a aproveitar a confiança que se tem nelas.

Uma ética e não uma moral

Vários usuários dizem se sentir constrangidos com a situação que se instaurou nas viagens, mesmo que isto não venha em tom de reclamação, mas antes de constatação. É que as pessoas – posso concluir após tantas conversas e tantas viagens – querem ser solidárias e estão sendo paradoxalmente impedidas por um certo tipo de insistência para que o sejam.

A interferência excessiva na forma de comando exacerba o caráter restritivo da regulação. Embora possa haver uma fruição em experimentar os circuitos metropolitanos com suas especificidades e mesmo exigências, as interrupções abruptas da circulação destroem a criatividade da convivência coletiva.

O aviso sonoro no trem, que reitera e enfatiza a mensagem das placas visuais, funciona como um *drill*. Em inglês "drill" é um tipo de exercício repetitivo que tem como objetivo provocar prontamente uma reação. O *drill* instaura uma relação imediata de comando-resposta e esta última se automatiza. Não é uma vivência que se obtém, mas um condicionamento. O aviso sonoro dos bancos preferenciais é uma regulação altamente restritiva que não ensina nada, quer apenas ser obedecida.

Essa frase que escutamos tantas vezes ao longo da viagem, por seu aspecto imperativo, demonstra bem o que Austin (1990) e Searle (1984) chamaram de "atos de fala". Esses autores indicam que todo enunciado realiza um ato. Trata-se de um ato que se efetua no proferimento mesmo, "ao dizer": o ato de fazer uma declaração, de fazer um pedido, de dar uma ordem etc. Agimos por palavras quando falamos. A linguagem é uma forma de ação. Não entendemos o sentido de um enunciado se não considerarmos essa sua dimensão pragmática de realização de um ato. Como assinala Ducrot, na mesma linha dos outros dois autores, o que caracteriza os enunciados imperativos é que, ao serem proferidos, lançam imediatamente o auditor numa alternativa inarredável criada pela própria enunciação da ordem: obedecer ou desobedecer. É esse o seu valor pragmático. Não conseguimos fazer uma terceira coisa, não podemos escapar dessa alternativa. "Assim, para a pessoa a quem o comando era dirigido, o campo de ações possíveis foi bruscamente reestruturado" (Ducrot, 1972: 22). Ficamos na mão daquele que deu a ordem. Os avisos sonoros dos assentos preferenciais são ainda repetitivos e reforçados pela comunicação visual das placas, o que acentua esse aspecto intrusivo de qualquer enunciado imperativo. Assim, fica claro que aqueles enunciados interferem na situação em que nos encontramos, que agem. Fica claro que falar é agir. Toda a situação de enunciação parece tornar material e palpável o ato de dar uma ordem. O aviso soa, soa, bate e rebate o seu comando. A monotonia da voz mecânica faz tudo mais oficial, contribuindo também para impor a alternativa inescapável do imperativo.

Outra característica dessa interferência nas viagens é o contágio que a atitude de comando pode provocar. Uma conseqüência séria no caso que estamos examinando é precisamente essa situação em que muitos passageiros se tornam vigilantes da lei, policiais em alguma medida. Assumem a função restritiva da regulação e a agravam. É o pior obstáculo às relações nas viagens, à solidariedade, ao "jogo de cidadania", à polidez ali cultivada.[8] O estilo da operação de um metrô define

---

[8] Para a questão da polidez nas relações entre os passageiros no metrô do Rio de Janeiro, ver Caiafa, "Solidão povoada".

muito do ritmo da viagem. Luíza relata um episódio em que uma senhora confrontou o vagão inteiro para que se cedesse o lugar à filha grávida:

Acho que não precisava disso. De repente ela podia chegar pra pessoa que estava no banco laranja ou então esperava, de repente se ela chegasse sem falar nada, e a pessoa levantava. Eu já vi isso várias vezes: a pessoa às vezes não fala nada, às vezes quem tá no banco verde levanta. "Oh, senhora", senhora, grávida, "sente aqui". Eu mesmo já dei lugar pra senhora. Mas ela já chegou falando, já chegou pagando geral para outras pessoas que estavam no vagão, como se todo mundo tivesse culpa, não sei. Se de repente ela chegasse até pra pessoa, "Você pode dar lugar pra minha filha", uma coisa assim. Mas ela já chegou querendo dar lição de moral.

Como usuária, tenho vivido intensamente estas transformações no quotidiano dos trens. O que se observa é que vai se gerando uma hierarquia em que os homens ficam em último lugar. E a inversão nunca foi uma tática criadora nas lutas das minorias. Isto é visível nas viagens. Já vi um garoto de talvez 16 anos desocupando assustado um banco de uma plataforma com a aproximação de duas mulheres, e uma nem sequer idosa era. Porque as plataformas – aliás igualmente pobres em assentos – são também atingidas pela regra, como se o anúncio soasse ali também. Comenta Ivan:

Já ouvi dois adolescentes sentados ali naqueles bancos, conversando animadamente, não estão nem prestando atenção no que há no seu entorno e as pessoas comentando: "Olha eles ali, eles cheios de saúde e o senhor ali em pé na porta". Mas o senhor está longe e às vezes os adolescentes oferecem e o senhor diz que já vai saltar ou alguma coisa do tipo. Há sempre essa vigilância coletiva *naqueles assentos.*

A vigilância coletiva ou generalizada segue à risca as ordens dos ritornelos sonoros, antecipando-se ao possível gesto solidário. E assim as coisas não seguem seu livre curso nas viagens, em que não é difícil constatar que uma gentileza seria possível. À mercê do comentário dos operadores e da vigilância de qualquer um, estamos todos sob suspeita.

Os ritornelos dos assentos preferenciais já se apresentam em tom de queixa – pela repetição constante e pelo texto impositivo –, como se já se esperasse que as pessoas fossem desrespeitar o que as placas dizem. São *ritornelos reclamatórios* e que se apóiam na desconfiança. São *ritornelos morais* que não deixam espaço para a decisão das pessoas, para que elas acertem e errem por vezes, para um investimento mais livre de desejo. São ritornelos que funcionam como *drills* ao provocar uma resposta automatizada e não um comportamento incorporado de preocupação com o outro.

A moral "leva a existência a valores transcendentes", observa Deleuze (1981: 35), rebatendo-a sobre a oposição Bem-Mal. A "forma confusa da lei moral" consiste em que ela não passa de um comando. A lei moral não esclarece nada, mas faz obedecer. A moral instaura "o sistema de julgamento" e nos arremessa na dívida infinita e na culpabilidade. Não entendemos nada de nada, já somos culpados de antemão e um dia seremos julgados. A ética, em contraste, não precisa da regra ou do comando. Ela traz o conhecimento e é uma força ativa. A ética é necessariamente uma ética da alegria porque envolve um aumento de nossa potência de agir.

Para Francisco Varela (1995), as ações e competências éticas – "responder às necessidades dos outros" – se manifestam como "saber-fazer". Não envolvem nem o hábito e nem a adesão à regra, mas um comportamento incorporado de preocupação com o outro. Quando consigo estender um sentimento de solidariedade que aprendi numa certa situação para uma outra é que genuinamente aprendo um comportamento ético – é o processo de "alargar sentimentos". A ética não vem pela imposição moral de uma regra, a competência ética deve ser cultivada. "Pessoas verdadeiramente competentes agem a partir de inclinações alargadas, não de regras aceitas" (Varela, 1995: 38). Quando cultivamos a competência ética, adquirimos uma "consciência inteligente". Compreendemos do que se trata e nos preocupamos genuinamente com o outro.

A fruição dos ritmos urbanos funciona melhor quando os itinerários são mais livres. As viagens de metrô no Rio de Janeiro mostram como é crucial apostar na capacidade das pessoas de construir uma ética, mesmo que em algum grau lhes apresentemos uma regra. Se essa apresentação vem no estilo da recomendação ou de um toque, é possível criar a partir dela e desenvolver nossa potência de agir. Outro dia, viajando no metrô, tive uma conversa interessante com uma moça sobre a recente instalação dos vagões femininos – o que, aliás, não foi uma decisão do operador ou recomendação da Rio Trilhos, mas uma lei imposta pela Assembléia do Estado. Estávamos no trecho entre Uruguaiana e Carioca e eu logo teria de saltar. Ela observou: "*Vão então criar um vagão para idosos, outro para gays? As pessoas é que devem saber como se comportar*". Trata-se decerto de uma outra questão com características próprias, mas também aí há o componente da imposição dura e o problema de uma ética. No que diz respeito a dividir os assentos no vagão, são as boas condições de viagem e as regulações mais suaves que podem dar espaço à ação das pessoas e facilitar os gestos solidários.

Referências bibliográficas

AUSTIN, J. L. *Quando dizer é fazer. Palavras e ação*. Porto Alegre: Artes Médicas, 1990 [1962].

CAIAFA, Janice. Solidão povoada: viagens silenciosas no metrô do Rio de Janeiro. (Inédito.)

DELEUZE, Gilles. *Spinoza: Philosophie Pratique*. Paris: Les Éditions de Minuit, 1981.

DUCROT, Oswald. "De Saurrure à la philosophie du langage". In: Searle, John R. *Les actes de langage. Essai de Philosophie du langage*. Paris: Hermann, 1972.

LAMMING, Clive. *Métro insolite*. Paris: Éditions Parigramme/Compagnie parisienne du livre, 2002.

SEARLE, John R. *Speech Acts. An Essay in the Philosophy of Language*. London, New York: Cambridge, 1984.

VARELA, Francisco J. *Sobre a Competência Ética*. Lisboa: Edições 70, 1995.

Grafite revisitado.
Estética e comunicação de rua em Porto Alegre[9]

Fabrício Silveira[10]

Muito embora o grafite[11] tenha se constituído, nas últimas décadas, como um objeto até certo ponto usual ou, no mínimo, relativamente comum na área da Comunicação, e embora já tenha sido visitado também por um considerável número de trabalhos oriundos de outros espaços disciplinares, tal como a Antropologia e a Psicologia – para citarmos, dentre outros, apenas dois campos de discussão certamente produtivos e relevantes –, ainda permanece como motivação e mote inesgotável para o entendimento das linguagens e das culturas urbanas contemporâneas. Aparece também como terreno fértil para pensarmos as práticas artísticas, comunicacionais e societais que caracterizam e definem a complexidade da vivência das (ou nas) ruas em nossa época.

---

[9] Este texto pode ser encontrado em versão *on-line* na revista eletrônica arquiteturarevista, v.2, nº 1, jan-jun de 2006, em http://www.arquiteturarevista.unisinos.br.
[10] Jornalista (UFSM), mestre em Comunicação e Informação (UFRGS), doutor em Ciências da Comunicação (Unisinos – RS). Professor do Programa de Pós-graduação em Ciências da Comunicação da Unisinos, São Leopoldo – RS. *E-mail*: fabriciosilveira@terra.com.br.
[11] Ainda que, no Brasil, a grafia *"graffiti"* também seja usada, adotamos aqui a forma mais aportuguesada "grafite". Vale reconhecer que esta não é necessariamente a predileção dos grafiteiros porto-alegrenses. Aqui, "grafite" também não pode vir a confundir-se com a cor grafite.

No projeto de pesquisa "Porto Alegre em Código. Linguagens vivas da comunicação urbana", que viemos desenvolvendo desde agosto de 2004 junto ao PPGCCOM – Unisinos/RS, o tema genérico do grafite insere-se de modo extremamente particular. Basicamente, são as condições, os efeitos e as implicações dessa particularidade que procuraremos discutir aqui.

A princípio, em nossa experiência pontual, a grafitagem encontra-se colocada e suscitada pelo modo como construímos um determinado recorte em nosso objeto de investigação. Ainda que os textos do grafite não sejam, de fato, o foco específico de nosso estudo, acabam compondo aquilo que estamos chamando de "compósitos intensivos da comunicação urbana". Em nosso caso, este termo – "compósitos intensivos da comunicação urbana" – procura designar certos cenários urbanos fortemente marcados/caracterizados pela presença de diversas formas de inscrições públicas. Proposto originalmente pela pesquisadora gaúcha Lara Espinosa (2002), tal termo pareceu-nos apropriado para designar os cenários que gostaríamos de problematizar. Deste modo passamos a indicar certas unidades ou pontos urbanos (manchas urbanas, se pudéssemos conceber a cidade como uma tela cravejada de diferentes tintas, tonalidades e texturas) carregados de uma heterogeneidade alarmante de signos gráficos, textuais e visuais. Além deste hibridismo significante, com franca ascendência das linguagens visuais sobre as demais, o termo também se refere – como entende Espinosa – ao traço barroco e à saturação estético-sensorial dos quais resultariam cada compósito. A expressão (*compósitos intensivos...*) pareceu-nos então suficientemente precisa e clara para a estipulação nominal e técnica de nossos casos de análise.

Assim sendo, nesses contextos, nessas carregadas paisagens metropolitanas – paisagens, aliás, facilmente percebidas num rápido passeio pela cidade de Porto Alegre, onde desenvolvemos nossa pesquisa de campo –, encontramos distintas formações discursivas num curioso convívio. Germinam aí, por vezes, sutis complementaridades entre as inscrições textuais e os muitos dizeres, verbais ou não, ali dispostos. Noutros momentos, irrompem ruídos, súbitos embates e desditos, os sentidos se anulam, seja por sobreposição, por apagamento dos traços materiais ou por tantas outras formas de remissões e intertextualidades conflitivas e divergentes – às vezes, em mútua negação.

De qualquer modo, nessa conturbada escritura urbana – na qual reside enfim o interesse último de nosso estudo –, vale atentar para a singular aparição do grafite. Ou seja: os espaços escriturais que procuramos entender destacavam-se, qualitativa e quantitativamente, por tomarem justamente o grafite como um importante "atrator" ou "protagonista-eixo" de grafias e cenários muito mais complexos.

Para além da própria operatividade do grafite no interior de nossos recortes epistêmicos e da composição granulada de nosso objeto de estudo, o tema poderia justificar-se aqui também pela própria expressividade dessa prática, com suas cores, com a diversidade de suas formas e estilos e mesmo pela "marca pessoal" de seus autores – grafiteiros que, muitas vezes, assinam suas peças e são também nomes relevantes numa determinada cena de produção artística responsável pela arte urbana que, na metade da década, vem sendo muito comentada, tanto na imprensa quanto na vida cultural da cidade.

Outro motivo que nos obriga a focalizar então o grafite é ainda o fato de que o universo dos grafiteiros se desdobra como tematização dada (ou feita) freqüentemente no próprio interior de algumas mídias impressas da cidade de Porto Alegre.

Em nosso percurso investigativo, pelos motivos arrolados, não haveria como não dispensarmos, em algum momento, destaque especial à tematização do grafite. Trata-se, portanto, de que possamos, a partir daqui, articular minimamente nossa posição diante do tema, iluminando seu lugar no interior de nossas formulações investigativas, e da necessidade de construção, simultaneamente fina e complexa, de nosso objeto de estudo.

Sendo assim, temos aqui a oportunidade para que possamos tentar e/ou ensaiar certas aproximações em relação a uma teorização habitual formulada a respeito do grafite, reconhecendo-o, no mesmo momento, como um tipo de "cartão de visitas" ou de "carro-chefe", em função do qual a ocupação semiótica feita do espaço urbano da capital gaúcha estaria hoje sendo debatida, principalmente nas mídias impressas locais, mas não só nelas, como também nos círculos alternativos da produção artístico-cultural da cidade.

Feitas estas considerações introdutórias, expostas algumas linhas gerais de nossas indagações, este artigo procurará, mais especificamente: 1) repassar, rapidamente, alguns aspectos da teorização acumulada sobre o grafite (em que o nome de Armando Silva, por exemplo, irá ganhar especial projeção); e 2) mapear a repercussão midiática da grafitagem, recorrendo, brevemente, a alguns materiais jornalísticos locais e destacando, neles, sobretudo os modos como o grafiteiro, sua cultura e sua prática são retratados e também o modo como "puxam" e "subsidiam", nos veículos impressos, determinadas discussões em torno da ocupação simbólica do espaço público porto-alegrense.

Antes de avançarmos, é sensato reconhecer que cada um desses dois movimentos – que desenvolveremos aqui na exata ordem em que foram anunciados – já renderia um artigo específico. Nesse caso, em virtude de uma trans-especificidade ou até de uma certa e intencional inespecificidade de nosso objeto de estudo, em virtude também do caráter de "primeira aproximação" ao debate restrito do grafite, justifica-se uma abordagem na qual esses ângulos – que, obviamente, poderiam ser praticados como ângulos autônomos e independentes – sejam então justapostos, resultando-se daí, dessa associação/montagem entre partes afins (ou afináveis), como esperamos, a formulação que, no momento, pode nos servir.

Trata-se, enfim, de propor, primeiramente, um levantamento quase-monográfico (ou semimonográfico), em que tanto um debate conceitual-histórico quanto um retrato sociomidiático da questão, na situação localizada de Porto Alegre, possam ser iniciados. Tanto um quanto outro permitirão exercícios teóricos aproximativos que, sem dúvida, servirão, num segundo momento – nos desdobramentos futuros de nossa investigação –, aos entendimentos e às expectativas gerais (e, fundamentalmente, comunicacionais) que nutrimos.

Uma teorização sobre o grafite

A primeira questão a surgir quando mencionamos o colorido vibrante da grafitagem é, de certa forma, uma questão categorial: diz respeito às distinções que aí se estabelecem em relação à pichação. Embora não estejamos lidando com estipulações teórico-conceituais *stricto sensu*, poderíamos dizer que, basicamente, o grafite se caracteriza pela profusão de cores, pela predominância da imagem, pelas tonalidades e pelas intenções artísticas – é emblemático que alguns grafiteiros de Porto Alegre estejam hoje sendo chamados para prestar serviços gráficos em agências de publicidade ou venham expondo seus trabalhos em galerias ou espaços dedicados tradicionalmente às artes plásticas (dentre outros, cabe citar o caso da exposição *Desconstruindo Gigantes*, realizada por Bruno 9li e Émerson Pingarilho, em julho de 2004, no Instituto Goethe, em Porto Alegre).

A pichação, diversamente, emprega poucas cores, muito texto, privilegiando as formas e as experimentações caligráficas/tipográficas. Em vez de apresentar-se como manifestação artística, expõe-se como reivindicação ou afirmação política e identitária. Entretanto, embora tenha validade para efeitos de didatização, tal distinção é, de fato, pouco operacional. Na prática, tais formas de inscrição pública estão muito próximas e andam muito ligadas. Alguns pesquisadores, como a carioca Débora Pennachin (2003), por exemplo, sequer consideram distinções formais entre uma e outra. "Estas duas atividades", diz ela, "têm raízes comuns, constituindo formas de intervenção no espaço público que transgridem a ordenação sígnica da cidade". Estes grafismos urbanos, tal como são chamados global e indistintamente por Pennachin – com o endosso de Giovani Andreoli (2004)[12] –, constituem uma linguagem artística de operatividade fundamentalmente política, que visa cons-

---

[12] Giovani Andreoli é o autor de "Grafismos Urbanos: composições, olhares e conversações", dissertação de Mestrado defendida no Programa de Pós-graduação em Psicologia Social e Institucional, Instituto de Psicologia da UFRGS, em abril de 2004.

truir e expor, tanto ao público em geral quanto aos "iniciados" (os integrantes das galeras, das *crews* ou das tribos urbanas implicadas na grafitagem), novas significações no interior do espaço urbano, transformando-o assim qualitativamente.

De qualquer modo, apesar da inconsistência classificatória e da dificuldade de manutenção de definições rígidas, existem modelos analíticos bastante úteis (e, por sinal, bastante freqüentados) para que possamos começar a refletir, de forma mais organizada, sobre este fenômeno específico da cultura urbana.

Uma das abordagens mais sólidas e bem tecidas sobre os grafites encontra-se em *Punto de Vista Ciudadano. Focalización visual y puesta en escena del graffiti*, o pioneiro estudo do pesquisador colombiano Armando Silva, publicado originalmente em 1987. Citado e empregado também por Cristina Pauli (2004) e Pedro Russi (2002), Silva afirma que sete valências correlacionadas definiriam o grafite: marginalidade, anonimato, espontaneidade, cenificação, precariedade, velocidade e fugacidade. As três primeiras (que corresponderiam, respectivamente, a uma posição ideológica de aversão aos circuitos e às instâncias oficiais, a uma reserva necessária quanto à autoria e a uma condição psicológica exigida para esta prática) seriam *pré-operativas*; isto é, antecederiam o próprio registro, seriam quase "disposições de espírito" que personificariam o grafiteiro.

Em seguida, outras três variáveis poderiam ser consideradas propriamente *operativas*, por remeterem às circunstâncias materiais de realização desses textos. A cenificação diz respeito às cores, aos materiais escolhidos, ao local onde o grafite é feito; ou seja, trata-se do cenário (da "cidade-cenário") que ele passa a construir, sobre o qual passa a atuar e oferecer sua performatividade ao público passante. A velocidade corresponde inversamente ao tempo disponível para a elaboração daquelas imagens-dizeres. Quanto mais rápido e ágil, mais meritório o traço. A precariedade tenta aferir o custo (ou melhor: o baixo custo) dos materiais empregados. Por fim, Armando Silva alega que a fugacidade seria uma valência *pós-operativa*, por remeter o analista à consideração das instâncias de controle e censura (policiamento e limpeza, por exemplo) das expressões mais radicais.

Vale salientar que as valências formuladas por Armando Silva estão voltadas para (ou são frutos de) uma apreensão textual-semiótica – de boas tintas greimasianas – dessas inscrições, embora já estejam também incorporando ou contemplando interessantes elementos não-textuais aí implicados. Pensar o grafite – sugere Silva – é tentar entender não só uma textualidade, mas também a própria dimensão material, situacional e performática desses escritos, o modo como são operados e as condições mesmas desse ato de escrita. Certamente, os elementos presentes nas categorias de Silva permitem que ampliemos essa discussão.

Neste sentido, Cristina Pauli (2004) aponta ainda outra possibilidade classificatória: teríamos, de uma parte, inscrições de predominância textual, subdivididas, por sua vez, em bordão-legenda (como as máximas grafadas nos muros de Paris, em maio de 1968), os textos pessoais (como declarações de amor, por exemplo) e os identitários (com nomes de conjuntos de *rock*, partidos políticos ou simplesmente com nomes de pessoas). Além destes, teríamos ainda os grafites de predominância icônica, que se dividiriam entre os murais ornamentais (onde há pintura, minucioso trabalho com a cor, com as texturas e com a tipografia, podendo assumir, pouco a pouco, a condição de imagem) e os ícones linearizados (que são dizeres de poucas linhas, muito simplórios, de precária constituição e precário acabamento imagético). Daniel Medeiros (2006) refere-se também à ocorrência do que chama de "grapixo", que seriam pequenos dizeres, muito curtos e compactos, sempre em duas únicas linhas, dotados de bom potencial icônico-ideogramático. Outra variação, tipicamente brasileira, seria ainda o "pixo reto", que são grafias praticamente ilegíveis (sobretudo para os leigos, obviamente) deixadas em locais de dificílimo acesso (tanto melhor quanto mais difícil o acesso), como topos de prédios, viadutos, pontes ou prédios de instituições e órgãos governamentais.

De qualquer forma, teríamos, mesmo assim, mais uma vez, tão somente a percepção de diferentes ênfases ou tendências possíveis de serem aferidas num intrincado complexo de linguagens. Neste poderoso "pacote expressivo" – talvez um dos mais representativos das textualidades urbanas – se articulariam tanto signos plásticos (cores, formas, texturas) quanto signos lingüísticos e signos icônicos (analógicos e figurativos).

Importa mencionar também que o grafite se sujeita, sempre, a determinadas tensões que talvez lhe sejam intrínsecas ou fundamentalmente constitutivas. Primeiro, há uma permanente suspeita em torno dessa prática. Não se pode esquecer que se trata de uma prática ilegal[13]. Pennachin, muito compreensivamente, fala em "signos subversivos". John Downing, em *Mídia Radical. Rebeldia nas comunicações e nos movimentos sociais* (2002), também caracteriza o grafite, sobretudo, por sua dimensão contra-hegemônica. É importante destacar então, nessa iniciação a uma conceitualização sobre o grafite, justamente estes traços que, associando-o ora à contravenção, à criminalidade ou ao vandalismo, ora à oposição política e contracultural, podem aparecer, logo mais à frente (sendo confirmados ou não, relativizados ou não), quando recorrermos aos discursos públicos formulados em algumas mídias impressas locais.

Outra tensão estruturadora da grafitagem diz respeito, em segundo lugar, às suas potencialidades artísticas e ao nicho cultural-expressivo em que se insere (ou pode inserir-se). Trata-se de uma mera comunicação urbana informal e despretensiosa ou se trata de uma verdadeira arte? As posições, como podemos suspeitar, são as mais diversas. Principalmente se examinarmos estas diferenças ocorrendo não só entre posições/concepções teóricas, mas também entre os próprios discursos públicos (dentre eles, principalmente os midiáticos) formulados sobre o assunto.

---

[13] Pennachin (2003) lembra que, no Brasil, tanto a grafitagem quanto a pichação são consideradas atividades ilegais. Este enquadramento foi dado pela Lei Ambiental nº. 9605, sancionada pelo presidente Fernando Henrique Cardoso, em 1998. A lei não estabelece distinções entre as duas práticas: ambas são consideradas crimes contra o meio ambiente.

Para o argentino Aníbal Ford, por exemplo, é impossível pensarmos hoje a própria literatura se não considerarmos e constatarmos "a fortíssima trama existente entre a mídia, incluindo as novas tecnologias, e as emaranhadas culturas urbanas" (1999: 211). Para ele, "esta relação afeta não só a literatura, mas também os próprios usos da escrita". E, neste contexto, continua: "mesmo as pichações, um dos eixos mais dinâmicos da literatura urbana, estão marcadas pela mídia e/ou pela indústria cultural"[14]. Posição diametralmente oposta é aquela assumida por Teixeira Coelho, para quem, muito contundentemente, a arte pública autêntica (então exemplificada em algumas intervenções de artistas como Regina Silveira e Tomie Ohtake – na cidade de São Paulo) não tem sido aceita nem compreendida, seja pelas camadas eruditas e cultas, seja pelos segmentos sociais ditos populares. Na interpretação do autor, tais obras, embora belas, logo são "tomadas de assalto pela pichação bestial daqueles que sentem necessidade de marcar seu território do mesmo modo como o fazem certos animais domésticos" (2000: 108). Aqui, como se vê, constrói-se outro julgamento[15]. De um lado, portanto, grafite e pichação seriam novas dinamizações da escrita, naturalmente legítimas numa época em que as culturas urbanas e as culturas midiáticas, combinando-se, passam a adquirir maior proeminência.

---

[14] Conferir a pesquisa monográfica de Vinícius Pereira Vivian, intitulada "O *Graffiti* na Publicidade: a arte das ruas como ferramenta de comunicação" (São Leopoldo, Unisinos, 2004, 106p); ver ainda "A presença da *Street Art* na Publicidade e Propaganda", apresentado por Lisiane Entrudo Pinto como requisito para conclusão de curso de graduação em Comunicação Social (São Leopoldo, Unisinos, junho de 2006, 79p). "Estratégias publicitárias na arte urbana do *UpGrade do Macaco*", de Camila Farina, igualmente realizado como trabalho de conclusão de curso de graduação (Porto Alegre, ESPM, 2004), merece igual registro.

[15] Na matéria "10 soluções para a cidade – Especialistas sugerem enfoques inovadores", publicada na *Folha de S.Paulo*, em 31 de outubro de 2004, Teixeira Coelho reforça sua posição. Para ele, diz o jornal, a pichação é a imposição de uma minoria (os pichadores) sobre a maioria da população (Caderno FolhaCotidiano, p. C6). O autor discute também o tema no artigo "Pichação e publicidade", reunido em *Guerras Culturais* (São Paulo: Ed. Iluminuras, 2000).

De outro lado, são impedimentos, "sujeiras públicas", como se estivessem a "borrar", desfuncionalizar ou emudecer as parcas manifestações da verdadeira arte pública. O debate, como se vê, encontra-se aberto.

A midiatização do grafite

Quando da implementação de nossa investigação, passamos a colecionar algumas matérias jornalísticas, veiculadas nas mídias impressas locais, que abordassem temáticas pertinentes ao estudo. Tais publicações (dentre elas, incluíamos os jornais *Zero Hora*, *Diário Gaúcho* e *Correio do Povo*, por exemplo) não seriam "objetos analíticos primários", digamos assim; não seriam efetivamente analisadas ou tomadas como *corpus* empírico a ser interpretado, mas poderiam – por hipótese – auxiliar na composição de um quadro temático contextual, um horizonte contextual, dando-nos pistas quanto à circulação social do tema ou quanto aos encaminhamentos legais que seriam dados (ou que estariam sendo dados) a assuntos relacionáveis ou correlatos ao temário geral da investigação. Esperávamos que estes textos pudessem auxiliar na compreensão global da repercussão pública em torno da comunicação visual urbana. Da mesma forma, suspeitávamos que pudéssemos encontrar neles alguns insumos, bem como motivações para futuras investidas metodológicas, confrontações e "rebatimentos narrativos(-fotográficos)"[16] ou então complementações de toda ordem que o andamento autovigilante do estudo poderia solicitar.

---

[16] Referimo-nos aqui à possibilidade metodológica de monitorarmos os cenários por ventura citados nas matérias jornalísticas. Noutro texto (Silveira, 2006), discutimos a técnica de pesquisa que chamamos de *diários fotográficos*, que consiste na realização de uma série de fotografias de um mesmo cenário ou ponto urbano, obtidas sistematicamente ao longo de um determinado período de tempo. Assim poderíamos acompanhar o surgimento e a composição paulatina dessas textualizações inscritas na pele da cidade. Tais seqüências ou séries fotográficas poderiam ser "enriquecidas" quando nelas fossem inseridas também – como termos de comparação e/ou confrontação – as próprias imagens produzidas, veiculadas e exploradas pelos veículos impressos.

De forma pouco sistemática – para efeitos de ensaios e aproximações heurísticas nos permitimos proceder assim –, coletamos então um total de 20 matérias jornalísticas, veiculadas em jornais diários e revistas (de periodicidades diversas) em circulação em Porto Alegre, a partir de janeiro de 2004 (antes mesmo, portanto, da efetiva implementação institucional de nossa pesquisa).

Algumas dessas matérias – ou, mais precisamente, duas delas – estão listadas/comentadas abaixo[17]. Esperamos assim, em função desses poucos casos (casos, contudo, de boa representatividade qualitativa), destacar mais algumas caracterizações que nos ajudarão a continuar na especulação sobre o tema. É importante salientarmos, mais uma vez, que tais matérias não são objetos de estudo a serem escrutinados por algum instrumento teórico de ordem discursiva ou por angulações analíticas assemelhadas (como teorias do texto jornalístico ou das representações sociais construídas pela imprensa). Antes, interessa-nos tão somente extrair delas apenas algumas das caracterizações ali feitas, destinadas ao público (ou a certos públicos) e capazes de auxiliar então a constituição de um imaginário social em torno do grafite gaúcho.

MATÉRIA 01

A primeira matéria intitula-se "Toniolo. O desconhecido mais famoso de Porto Alegre" e foi publicada na *Revista Type*, nº 03, em janeiro de 2004. Anuncia-se como a "maior entrevista já publicada" com o ex-escrivão da Polícia Civil que se tornou, nos últimos vinte anos, o

---

[17] Poderia ser incluída também a matéria intitulada "Arte urbana. Massificada e gratuita", que motiva a capa da *Revista Wake Up – Cultura, Informação, Consciência*, nº 03, publicada em setembro de 2005. Entretanto, por tratar-se de uma reportagem-fotográfica, na qual constam apenas seis imagens (colhidas no centro e em alguns dos principais bairros da cidade) e um curto texto introdutório, pareceu-nos desequilibrar ou descaracterizar a unidade da pequena amostra empírica com a qual, muito circunstancialmente, trabalhamos aqui. Noutro momento, por certo, tais imagens e tais materiais serão contemplados.

grafiteiro-pichador mais conhecido da cidade. Com seis páginas, sete fotografias de Toniolo (apanhado na própria situação da entrevista ou então em outras passagens de sua "carreira de pichador" – esse é o termo empregado), a matéria é chamada, como principal destaque, já na capa da revista. Aos 58 anos, Sérgio José Toniolo é apresentado como um personagem quase mítico, que teria encontrado na entrevista a oportunidade de mostrar que "não é somente uma lenda urbana". De qualquer modo, é sempre este caráter mítico e folclórico que passa a ser enfatizado ao longo de todo o texto. Destaca-se, sobretudo, a "excentricidade" do personagem, responsável pela invenção da pichação "com hora marcada", dentre tantos outros curiosos percalços relacionados ao hábito da pichação.

> "Eu inovei a pichação", diz ele. E continua: "Em 1984 eu anunciei, no início do ano, que iria pichar a fachada do Piratini [Palácio do Governo do Estado], às 17h do dia 17 de janeiro. Foi toda a imprensa para lá. Liguei para os jornais e avisei que antes de fazer a pichação eu ia dar uma entrevista na esquina da Assembléia Legislativa. Porque depois eu ia ser preso, aquela coisa toda e não ia poder falar – como se presos pudessem falar para a imprensa! Então os repórteres ficaram concentrados na esquina e liberaram a área. Naquela ocasião, colocaram mais de duzentos policiais por lá. Fiquei dentro da catedral e exatamente na hora marcada saí com uma pasta escondendo um saco de supermercado, onde estavam duas latas de *spray*, para o caso de uma falhar. Dois brigadianos vieram chegando para cima de mim, certamente para dizer que não podia passar por ali. Então eu disse a eles 'bom dia, irmãos' – devem ter pensado que eu era padre, ficaram constrangidos de me barrar. Tem gente que diz que eu estava fantasiado de padre, mas não é verdade! Aí eu passei e pichei o Piratini. Escrevi 'Toniol'. Faltou só o último 'o'".

Os depoimentos, claro, são circundados pelas fotos de Toniolo – incluindo-se, até mesmo, uma das fotos obtidas naquele 17 de janeiro de 1984.

Dentre todas as passagens, destaca-se aquela referente ao ingresso do personagem na grafitagem (é apresentada uma ampla fala sobre suas motivações, seus feitos mais arriscados e dramáticos, dignos das comédias mais macarrônicas), aos "alvos públicos" contra os quais as inscrições se dirigem (algumas das pichações dizem, por exemplo: "Desembargador Oscar Gomes Nunes, Presidente do Tribunal de Justiça, ladrão. Assinado: Toniolo", "Fora Lula, fora", "Justiça = merda"). Outros trechos da entrevista aludem aos principais pontos da cidade já demarcados por ele, à quantidade de pichações-inscrições até hoje já deixadas nos muros de Porto Alegre (estimadas em torno de 70 mil pichações em *spray*) e mesmo à repercussão midiática do personagem e de seus feitos (Toniolo já foi entrevistado no programa *Fantástico*, por exemplo).

Todos esses relatos acabam ajudando a compor a imagem de um mito urbano, cujo nome encontra-se convertido, hoje, numa verdadeira marca, num pitoresco emblema da juventude alternativa (de tendências políticas e filiações assumidamente anarquistas) da cidade de Porto Alegre.

Embora seja um jogo de perguntas e respostas, e não uma reportagem, a seqüência das questões dirige a fala do entrevistado no sentido de que possam aparecer, sempre (ou de que possam ser extraídos dos depoimentos, sempre), aspectos muito excêntricos e bizarros associados ao personagem – como, por exemplo, a existência de um suposto 'Comando de Caça ao Toniolo', que teria sido criado pelos moradores do bairro Petrópolis, muito importunados com a atuação do pichador. O que fica, ao final, é a impressão e o tom gerais de uma simpática insensatez (em 1983, por problemas de saúde mental, Toniolo foi compulsoriamente aposentado). O personagem e seus casos tornam-se um prato cheio para que a grafitagem seja apresentada como uma prática marcada por uma certa (e curta) historicidade; como se fosse uma quixotesca e anárquica (ingênua e sedutora – também seriam expressões aplicáveis) indisposição às instituições políticas e policiais, psiquiátricas e religiosas. Tudo em tons de uma jocosa "folclorização". Tudo em arriscadas tintas caricaturais.

MATÉRIA 02

Em abril de 2004, a mesma revista *Type*, em sua edição seguinte (edição n° 4), publica "A cidade e o *graffiti*. Concreto com cara de arte". Distribuindo-se entre as páginas 30 e 34, a matéria traz sete fotografias, em que constam, inicialmente, a imagem de um grafiteiro mascarado (possivelmente, uma das fontes às quais o texto recorre) e alguns grafites (dentre eles, uma seqüência das cadeiras com as quais Gripe, outro grafiteiro local, ficou muito conhecido). Ao final, na última página, apresenta um interessante "vocabulário básico do *graffiti*" (no qual são esclarecidos os significados de expressões como *toy*, *black book*, *stickers*, *freestyle* etc., muito comuns entre os grafiteiros – ou *writers*, como também são chamados na gíria). O tom geral é o de uma positivação da grafitagem.

O texto da matéria inicia fazendo menção justamente à polêmica aparição de Toniolo no número anterior da publicação. Em seguida, Toniolo é apontado com um dos precursores da pichação na cidade e é comparado a Trampo, um dos mais atuantes grafiteiros da "nova geração". Trampo é então apresentado ao leitor. Rapidamente, fala sobre o seu ingresso na carreira, pichando o próprio nome (sua assinatura ou *tag*) pelas paredes do bairro Rubem Berta, onde morava, há alguns anos. Hoje, continua o texto, Trampo "é o grafiteiro mais respeitado de Porto Alegre, já foi à Europa mostrar sua técnica e ganha a vida com o que chama de 'arte alternativa'".

A matéria destaca então o fato de que um "artista de rua" gaúcho tenha ido até à Alemanha para mostrar o seu trabalho, participando, juntamente com outros artistas-grafiteiros latino-americanos, do projeto Global Mural, que reuniria 70 murais de várias partes do mundo. Há tons de uma certa "internacionalização" do trabalho de Trampo, como se fosse evidência e exemplo claros de que o que é feito em Porto Alegre se encontraria em sintonia com o que é produzido no resto do mundo e, mais ainda, sendo reconhecido como tal.

Em seguida, são dadas várias particularidades do trabalho da grafitagem na cidade. Uma delas é o apoio do poder público local (são citadas iniciativas da Prefeitura Municipal, tal como a disponibilização de salas na Casa de Cultura Mário Quintana para que sejam realizadas oficinas e reuniões de debate). Assim organizados, os artistas passam a ser chamados "para fazer cartazes, cenários, ilustrações e toda forma de trabalho gráfico em eventos como o Fórum Social Mundial".

Outra característica local reconhecida, conforme o texto, seria o respeito dos cidadãos à arte da grafitagem. Neste sentido, duas falas de Gripe, outro grafiteiro citado, são bastante oportunas. Diz ele: "Qualquer pessoa que vê gente com tinta na rua, em São Paulo ou Curitiba, chama a polícia. Em Porto Alegre, se tu pegar um lugar abandonado, a princípio ninguém vai falar nada"; e ainda: "o pessoal daqui considera o *graffiti* uma arte. É legal, é um *status* que o pessoal que pinta há mais tempo aqui conseguiu, mostrando que nem todo mundo quer vandalizar". Embora esta alegada "aprovação pública" não se traduza num genuíno entendimento das obras (das gírias, dos códigos, das subculturas de grupo, das afirmações identitárias e das reivindicações micropolíticas ali expostas), é suficiente para subsidiar e atribuir certa legitimidade propriamente estética ao grafite.

Em função justamente deste difuso reconhecimento artístico, o texto passa a discorrer sobre as possibilidades instaladas e as experiências já dadas de intercâmbio entre esta arte de rua e a arte acadêmica. "Acho que a troca com o pessoal das artes plásticas é legal para quem está começando no *graffiti*. Respirar a história da arte, pesquisar, ter referências, isso tudo é muito importante para desenvolver um trabalho", arremata Trampo.

Tendo também situado a prática do grafite no interior da cultura *hip hop*, didatizando-o desse modo para o leitor (a inclusão já citada de um vocabulário da grafitagem também contribui para isto), a matéria encerra-se com um depoimento de Trampo, capaz de sintetizar bastante bem o tom geral de tudo o que havia sido dito até ali:

"Porto Alegre está no caminho certo nessa história do *graffiti*. É um movimento que sempre existiu, dava uma paradinha de vez em quando. Agora está voltando, junto com a moda *hip hop*. A gurizada tá indo pra rua, intervindo. Mas aqui tem esse diferencial da coisa mais artística, a gurizada está fazendo um trabalho consciente, para não ser só mais um na rua, mas acrescentar alguma coisa à cidade".

Outras observações

Um rápido manuseio de tais matérias permite-nos perceber que aquilo que geralmente associamos à criminalidade e ao vandalismo[18], as matérias vistas não só atenuam, mas tratam também de romantizar. O grafite é associado aqui à produção artística e até a certo tipo de trabalho de recuperação, como se aí tivéssemos uma espécie de "porta de saída", através da qual o jovem abandona o mundo perigoso da rua e então se coloca, em função do exercício da grafitagem, a serviço do próprio embelezamento da cidade (de algum modo, uma atitude cidadã).

Soma-se a isso também o fato de que as matérias consultadas tomam grafite e pichação como formas indistintas, passando sonoramente por cima das preocupações conceituais – menos freqüentes, aliás, entre praticantes do que entre analistas ou teóricos.

Há também um delineamento do próprio mapa da cidade. De certa forma, é a ocupação do entorno de pontos clássicos na memória da cidade (como o Viaduto Borges de Medeiros, a Casa de Cultura Mário Quintana, as margens do Rio Guaíba) que se configura também como um dos motes principais das matérias coletadas. Os grafites constituem assim algo como "senderos urbanos", como dizem Silva e Pauli, pois demarcam e iluminam mapas, espaços e possíveis rotas urbanas,

---

[18] Como já dissemos, outras matérias jornalísticas, sobretudo de jornais impressos diários, também foram coletadas. Não foram apresentadas aqui somente por motivos de espaço. Como tentaremos discutir noutra oportunidade, elas estariam contribuindo para a criação e a sustentação deste estigma, que associa o grafite a várias formas de marginalidade.

geralmente conduzem ao centro das cidades ou a certos espaços considerados pontos turísticos, redutos dos poderes instituídos ou tão somente espaços nobres no imaginário afetivo do cidadão.

Por fim, vale dizer que o percurso feito até aqui pretendeu tão somente configurar uma primeira aproximação ao tema do grafite, na medida em que tais escritos compõem nossos "compósitos intensivos da comunicação urbana". Assim, o grafite interessa-nos, sobretudo, quando contextualizado e inserido em conjunturas sociais ou na própria cartografia da cidade, posicionando-se também em relação aos mapas de trânsito, aos locais reservados/ocupados por outras ofertas ou estratégias comunicacionais (ofertas mais formais, como os *outdoors*, por exemplo) ou em relação aos imaginários urbanos, aos mapas mentais-simbólicos da cidade.

Trata-se então de sondar, no futuro, como problemática teórica de investigação, a possibilidade de uma certa "expansão do grafite". Esta expansão, a ser construída e explicitada conceitualmente, se dá (ou já está se dando) não só pela cooptação ou pela justaposição de outras linguagens, mas também porque transcende as ruas, extrapolando o próprio âmbito de uma cultura urbana: a grafitagem passa a ser visitada nos museus, passa a ser requisitada (e até estimulada) pelas agências de publicidade e passa a dialogar com o próprio poder público, apesar do estigma (às vezes relativizado, como vimos) de contravenção.

Assim, a teorização mais habitual sobre o grafite estaria requerendo alguns deslocamentos e/ou ampliações epistêmicas. Afinal, não é apenas num sentido usual que hoje o grafite tem se colocado à nossa vista; ele tem configurado paisagens ou textos (ou seriam "paisagens-textos"?) excessivamente sujos, carregados, repletos de vestígios de inscrições anteriores.

Além disso, a prática do grafite parece ter se reconfigurado em função de certas demandas e estratégias muito próprias do universo das mídias. Curiosamente, o campo midiático parece estar operando como instância de uma dupla reinstauração do grafite. De um lado, apresenta-se como espaço de uma exponencial visibilização pública – de certa forma, a cidade e o espaço público urbano se encontrariam "traduzidos" ou "continuados" no espaço público virtual e disponível dos meios. A cultura da grafitagem teria encontrado assim um novo ambiente para alastrar-se. É considerável, por exemplo, a quantidade de *sites* e publicações impressas reservados ao tema. De outro lado, a cultura midiática estaria também disponibilizando novos artefatos e novos materiais expressivos. Tais recursos passam a figurar como extensões do tubo de *spray*, até então o instrumento usual dos jovens grafiteiros. Entre eles, aliás – sempre é bom repetir –, são cada vez mais freqüentes as concessões e os serviços prestados às agências de publicidade. Entretanto, não é só a lógica de mercado que remodela a prática da grafitagem. A própria condição dessa textualidade passa a ser alterada. Hoje, parece que o grafite só irá finalizar-se (ou só será dado como finalizado) quando fotografado, quando disponibilizado num *site*, quando reescrito enfim pelos aparatos midiáticos. É como se o grafite, tal como praticado atualmente, seja dado como inacabado enquanto não estiver codificado e instituído pela forma-mídia. Os dispositivos midiáticos, cada vez mais baratos e mais facilmente manuseáveis, tornam-se uma nova técnica de desenho e mesmo uma nova ferramenta à disposição da criatividade e da mão insubordinada do grafiteiro.

Sem dúvida, mereceria maiores exames esta singular "ambientação midiática" na qual (ou com a qual) a grafitagem vem se afirmando atualmente. Assim, deixa-se entrever que uma das expressões vitais das culturas urbanas contemporâneas estaria sujeitando-se a um curioso processo de midiatização[19], remediação[20] e de flerte com formas midiáticas mais instituídas. Poderíamos dizer, por exemplo, que o grafite deixa de

---

[19] Conceito de ampla circulação na área da Comunicação. Sucintamente, refere-se ao fato de que a sociedade contemporânea encontra-se organizada ou determinada, sobremaneira, pela exposição às mídias. Hoje, haveria uma inapelável necessidade de uso das lógicas midiáticas (ou, no mínimo, de estabelecimento de concessões a elas). Em tese, portanto, todos os conteúdos, todos os processos, todas as instituições sociais estariam regidas pela tendência à "virtualização" ou à "telerrealização" das relações humanas via meios de comunicação.
[20] O conceito de "remediação" (*remediation*) foi cunhado por Jay David Bolter e Richard Grusin (1999) – muito motivados por Marshall McLuhan,

ser apenas uma mídia secundária (como tal, aliás, já muito discutida no campo da Comunicação) para tornar-se também um modo de mídia terciária[21]. O grafite se encontraria assim "expandido" – técnica e midiaticamente expandido. Entretanto, a caracterização, as ocorrências e as possibilidades dessa "tecnologização" do grafite demandariam outros arremates, maiores sistematizações empíricas e novas tentativas de entendimento.

Referências bibliográficas

BAITELLO JÚNIOR, Norval. *A Era da Iconofagia*. Ensaios de Comunicação e Cultura. São Paulo: Hacker Editores, 2005.

BOLTER, Jay David; GRUSIN, Richard. *Remediation*. Understanding new media. New York: MIT Press, 1999.

---

vale dizer. Em síntese, indica as transformações dadas num determinado produto midiático quando algumas de suas características (sua materialidade, sua expressividade, sua narratividade, suas estratégias habituais de representação e de usabilidade etc.) são apropriadas ou "reproduzidas" por outras mídias. Ocorre um fenômeno de "remediação", por exemplo, quando um veículo impresso faz migrar seu conteúdo (seu produto, em última instância – no caso, o jornal impresso) para o ambiente da *web*. Remediações, portanto, são justamente todas as formas de aparição de um meio em outro; é a lógica formal pela qual as novas mídias remodelam (ou são modeladas por) formas midiáticas anteriores. Para maiores considerações, cf. Bolter e Grusin (1999).

[21] Na clássica formulação de Harry Pross, em *Medienforschung* (1972), a noção de "mídia primária" diz respeito ao corpo e suas múltiplas linguagens. "Os sons e a fala, os gestos com as mãos, com a cabeça, com os ombros, os movimentos do corpo, o andar, o sentar, a dança, os odores e sua supressão, os rubores ou a palidez, a respiração ofegante ou presa, as rugas ou cicatrizes, o sorriso, a gargalhada e o choro são linguagens dos meios primários", atesta Norval Baitello Júnior (2005: 71). Já "mídia secundária" refere-se ao uso de quaisquer materiais, ferramentas ou instrumentos tecnológicos com o intuito de criar e transmitir informações. A escrita, seja ela qual for, é o exemplo mais eloqüente. O conceito de "mídia terciária", por sua vez, só faz sentido quando temos a necessidade imperiosa de aparatos tecnocomunicacionais, não só para a emissão-codificação, mas também para a recepção-decodificação de mensagens.

COELHO, Teixeira. *Guerras Culturais*. São Paulo: Iluminuras, 2000.

DOWNING, John. *Mídia Radical*. Rebeldia nas comunicações e nos movimentos sociais. São Paulo: Ed. SENAC, 2002.

ESPINOSA, Lara. Estudo do uso intensivo da comunicação visual no meio urbano como matriz para novas linguagens visuais. Trabalho apresentado no NP Publicidade, Propaganda e Marketing, no XXV Congresso Brasileiro de Ciências da Comunicação (INTERCOM), realizado de 01 a 05 de setembro de 2002, em Salvador – BA, 18p.

FORD, Aníbal. *Navegações*. Comunicação, cultura e crise. Rio de Janeiro: Editora da UFRJ, 1999.

MEDEIROS, Daniel (Boleta). *Ttsss...* A grande arte da pixação em São Paulo, Brasil. São Paulo: Editora do Bispo, 2006.

PAULI, Cristina. Graffiti: Los jóvenes se adueñan de las diagonales. Trabalho apresentado no GT Comunicación y ciudad, no Encontro da Associação Latino-Americana de Investigação em Comunicação, realizado em La Plata – Argentina, em 2004, 09p.

PENNACHIN, Débora. Signos subversivos. Das significações de graffiti e pichação. Metrópoles contemporâneas como miríades sígnicas. Trabalho apresentado no NP Semiótica da Comunicação, no XXVI Congresso Brasileiro de Ciências da Comunicação (INTERCOM), realizado de 02 a 06 de setembro de 2003, em Belo Horizonte – MG, 16p.

RUSSI, Pedro. As pichações: paredes que falam. In: BRAGA, Adriana; BORGES, Luis Fernando Rabello; AQUINO, Márcia Rodrigues (orgs.). *Angulações e provocações na Cultura*. Série Cadernos de Comunicação. São Leopoldo – RS: Ed. UNISINOS, 2002, p.137-161.

SILVA, Armando. *Punto de Vista Ciudadano. Focalización visual y puesta en escena del graffiti*. Bogotá – Colômbia: Publicaciones del Instituto Caro y Cuervo, 1987.

SILVEIRA, Fabrício. Uma cidade em quadro clínico. Aproximações teórico-metodológicas em torno da noção de inconsciente ótico. *Revista Fronteiras – estudos midiáticos*, Universidade do Vale do Rio dos Sinos, São Leopoldo – RS, v. 08, n. 01, p. 62-73, janeiro-abril 2006.

Comunicação, sociabilidade e ocupações poéticas da cidade

Fernando do Nascimento Gonçalves[22]

Introdução

Este texto tem como tema as ações de intervenção de artistas em espaços públicos como criadoras de experiências singulares de sociabilidade e comunicação. Interessará a nós aqui particularmente explorar os aspectos relacionais de um fenômeno cultural relativamente recente que hoje vem recebendo o nome de "arte urbana". Procuraremos mostrar como as ações de intervenção de artistas nas cidades estão imbuídas historicamente não só de um poder de instigar a percepção e chamar atenção para questões sociais e da cultura, como também de uma eventual capacidade de mobilizar inusitadamente as pessoas e incitá-las à ação, individual ou coletiva.

É o que nos permitiria pensar tais ações como um exemplo daquilo que Félix Guattari (1999) chamou de "produção de singularização subjetiva", que ele define como "modos de resistência a processos de serialização da subjetividade". Para Guattari, a subjetividade consiste

---

[22] Doutor em Comunicação e Cultura pela UFRJ. Professor da Faculdade de Comunicação Social da UERJ. Pesquisador do CAC-FCS /UERJ (Comunicação, Arte e Cidade).

numa produção – sempre coletiva e nunca individualizada – de sentido para nossos modos de vida e sensibilidades. Afirma também que na sociedade capitalista existem modos de produção de subjetividade propriamente "capitalistas", que consistem em modos majoritários de produção de sentido para a existência e visões de mundo que atendem a imperativos de controle social necessário para a sua manutenção. Contudo, considera igualmente que em contraposição a esses processos majoritários há sempre outros que buscam criar dissonâncias. Tal é o caráter de muitas das ações que artistas realizam nos espaços públicos.

Para considerarmos essas ações como estratégias dissonantes, será preciso pensar a arte e a cidade como vetores de produção social de singularidades subjetivas, na medida em que favoreçam um processo de "descolamento" das formas de existência de seu aspecto individual. Por meio desse descolamento, é possível dar-se conta de que, na relação conosco mesmos e com o outro, essas formas são sempre socialmente construídas e assumem determinadas configurações em cada época, encarnando práticas sociais e comunicativas sempre instáveis. Esta consideração é importante na medida em que nos permite perceber os tipos de valorização que essas configurações implicam, por exemplo, nas relações do homem com os espaços organizados das cidades, com os fatos da cultura e na maneira como os combinamos e acionamos.

Nesse sentido, consideramos que há uma experiência comunicativa muito particular ocorrendo no âmbito da cidade, que se dá para além dos aspectos propriamente midiáticos e da cultura de massa – embora eles existam. Trata-se das articulações semióticas que caracterizam a comunicação como processo complexo de produção de sentido. É a partir dessas articulações que se forja a ressignificação de práticas sociais, das quais a arte e a cidade constituem importantes vetores de experimentação, pois ambas nos convidam a aventuras de caráter estético e subjetivo, em que *estético* diz respeito a formas de sensibilidade criadoras e o *subjetivo*, à produção social de estilos e modos de vida (Gonçalves, 2004).

A arte, embora não detenha o monopólio da criação, vai nos interessar, não tanto pelo que expressa, mas pelas marcas que pode deixar em nós, por seu poder de nos engajar em processos de invenção. Da mesma forma, a cidade será pensada menos em relação com a geografia dos lugares e mais pela qualidade das experiências subjetivas que seus espaços podem suscitar. Arte e cidade são consideradas, assim, importantes operadoras discursivas e participam, juntamente com outros elementos da vida social, dos processos de constituição dos modos de vida e dos processos comunicativos e de sociabilidade.

A cidade e as interferências artísticas

A cidade é marcada pelo investimento no heterogêneo, pelos fluxos que levam e trazem estrangeirismos e misturam corpos, visões de mundo e estilos de vida. Por isso mesmo, como afirmou Paul Virilio (1993), a cidade não é simplesmente onde se vive, é acima de tudo uma encruzilhada. Deste ponto de vista, há que se considerar a cidade não apenas como um lugar, mas como uma experiência e uma prática social de espaço (De Certeau, 1994; Pallamin, 2000) capazes de produzir subjetividade.

É nesse sentido que a chamada arte urbana assume um papel efetivo de reconvocação dos sentidos e de reflexão sobre a nossa atual condição urbana. Ao se lançar nessa missão de atravessar e interferir no fluxo de vida, especialmente no cotidiano, a arte negocia com o sistema vigente e, mais uma vez, retoma, de outra forma, a sua condição de força de resistência. Pensar a cidade como produtora de sentido e de modos de vida é interessante por permitir vê-la como espaço de criação e de produção de relações com o real, com a história e a cultura.

Não por acaso, os artistas vêm realizando uma série de ações que têm a cidade como meio e personagem principal de um processo de criação que se convencionou chamar de "arte pública" (Silva, 2004), "arte urbana" (Pallamin, 2000) ou "arte contextual" (Ardenne, 2004). É interessante, porém, observar que não é efetivamente novo o fato de a cidade ser apropriada como espaço e elemento de criação. Na Paris do final do século XIX, vemos a cidade ocidental redefinindo-se urbanisticamente sob os golpes da revolução industrial, do automóvel, das grandes avenidas e o incitamento ao surgimento de uma série de novas criações no campo artístico, como o impressionismo na pintura e o simbolismo no teatro e na literatura, com os quais se instala a crise da representação. Com esta crise, prepara-se o terreno para o posterior aparecimento dos movimentos que ficaram conhecidos como "vanguardas artísticas históricas" (De Michelli, 1991), pródigos em exemplos de uma arte que propunha a fusão entre arte e vida e que fazem da cidade e das ruas elemento e cenário importantes para ações artísticas.

É assim que, no início do século XX, vemos surgir uma arte que procurava se libertar das preocupações da representação figurativa, causando fraturas no pensamento sobre a experiência estética, visando sua renovação, e com franca disposição para renovar também as relações entre homem e sociedade. Nos anos 1910 e 1920, dadaístas e surrealistas já faziam dos espaços públicos um lugar privilegiado para suas críticas e manifestações. O teatro de cabaré de Munique (Hugo Ball e Frank Wedekind), com suas ácidas sátiras ao comportamento burguês, dá origem, em 1916, em Zurique, ao Cabaret Voltaire. Deste, a partir da experiência futurista, surgiria o movimento Dadá, de Tristan Tzara e Francis Picábia, que influenciaria Marcel Duchamp.

Entre 1920 e 1923, Tzara, auxiliado por André Breton e um grupo de artistas que incluía também Picabia e Duchamp, realiza uma série de eventos em Paris. Um deles, ocorrido em 1921, é destacado por Jorge Glusberg (1987: 19-20): a visita de dez dadaístas à Igreja de St-Julien-le-Pauvre, numa espécie de excursão pelo centro da cidade. O grupo convida "seus amigos e adversários" para o que prometia ser um típico passeio de turistas e colegiais. A verdadeira finalidade era a mesma de sempre: desmistificar atitudes e convenções. Cerca de cinqüenta pessoas se juntaram para a visita, sob forte chuva. Breton e Tzara provocavam o público com discursos, num procedimento semelhante ao dos futuristas italianos. Outro artista que se fazia de guia lia um trecho do dicionário Larousse, escolhido ao acaso. Depois de uma hora e meia, os espectadores começaram a se dispersar. Então recebiam pacotes contendo retratos, ingressos, pedaços de quadros, figuras obscenas e notas de cinco francos com símbolos eróticos.

O dadaísmo, além de transformar a obra de arte, como afirma Benjamim (1985), no centro de um escândalo, também propõe enviar um sinal invertido para o espectador. A apropriação de objetos industrializados, de uso cotidiano, a princípio sem valor artístico, ganhava um destaque obsceno nas exposições de arte. Além disso, os eventos inusitados realizados pelos dadaístas – muito semelhantes aos *happenings* dos anos 1960 – não se capitalizavam, já que não assumiam a forma de mercadoria. A efemeridade desses eventos de algum modo os resguardava da cooptação forçada do mercado de arte sob a forma do próprio sistema de arte.

Benjamim estabelece uma comparação entre essa operação de "discórdia sensível" que se caracterizava por um choque físico, mas também moral (Benjamin, 1985: 192) que as obras dadaístas impunham a seus espectadores. Nesse sentido, o dadaísmo foi uma proposta artística (ou "antiartística", como o movimento reivindicava) essencialmente urbana, pois propõe, segundo Benjamin, a mesma dinâmica da cidade: a estética do sobressalto. Desses primeiros movimentos é possível observar que a cidade emerge como um campo de estratégias poéticas e de resistência que atua em três níveis: o da consciência da relação entre arte e política, o de uma ação planejada e o de um projeto artístico.

Em 1924, André Breton lança o manifesto surrealista e estabelece os fundamentos do novo movimento, cuja tática era realizar uma "estética do escândalo", que atacava veementemente, por exemplo, o realismo no teatro. É importante destacar que as ações surrealistas, como as dadaístas, muitas vezes acontecem fora de museus e galerias de arte, tanto em edifícios-teatros quanto em caminhadas de demonstração, o que curiosamente faz lembrar os *happenings* dos anos 1960. Vistos como utopias, esses movimentos, embora não tivessem transformado efetivamente a sociedade – como era seu objetivo –, deram uma inegável contribuição para o estabelecimento de uma nova sensibilidade não só nas artes, mas também na sociedade, projeto que continuaria a ser perseguido em outras épocas e em outros lugares, embora de forma algo distinta.

O pós-guerra, considerado como período da segunda onda das vanguardas artísticas – desenvolvida principalmente nos Estados Unidos, mas também na Europa –, trouxe também muitos exemplos de trabalhos de arte na cidade e com a cidade. As ações do Movimento Fluxus, iniciado por George Maciunas, os *happenings* de Allan Kaprow, as performances de Joseph Beuys, Gilbert e George e Yves Klein, entre tantos outros, faziam da cidade ao mesmo tempo um material maleável e uma ferramenta para causar estranhamento, convidando a verdadeiras aventuras perceptivas e a interessantes questionamentos. Projeto iniciado pelas vanguardas européias, a fusão da arte com elementos do cotidiano – tão proclamada por Kaprow (1993) e comum na chamada arte contemporânea –, teve nos anos 1960 um impulso significativo. Num gesto que repercute até hoje, uma série de artistas propunha uma mudança de foco nos processos criativos e da obra de arte, que permitiria passar da "compreensão dos signos" para o "processo de sua articulação". Ou seja, da interpretação do significado da obra para o seu processo de produção de sentido.

A partir de então, observamos uma série de ações na cidade que foram desinstitucionalizando a própria experiência artística e que chamaram a atenção exatamente por problematizar a distância entre arte e vida. Esse gênero de experimentações difundiu-se por diversos países, inclusive o Brasil, prolongando-se pelas décadas seguintes, embora também sob outros formatos e linguagens, que cada vez mais se acumulavam e se justapunham, usando inclusive recursos tecnológicos que ampliavam o alcance dessas intervenções. Lembramos aqui, por exemplo, nos anos 1980 e 1990, das megainstalações citadinas de Christo e Jean-Claude; nos anos 1990, as videoinstalações com fragmentos do cotidiano da suíça Pipilotti Rist; as videoprojeções de aforismos e trechos de poemas nas ruas e monumentos de Paris, Londres e Nova York, realizadas por Jenny Holzer; as instalações audiovisuais fantasmáticas de Tony Oulser em Nova York ou, ainda, as intervenções de ressignificação de monumentos públicos feitas por Krzysztof Wodiczko na Europa e também nos Estados Unidos (Riemschneider e Grosenik, 1999).

O Brasil, na onda de experimentações artísticas que fazem da cidade uma prática contextual de espaço e de ativamento de fluxos criadores, vem também assistindo e participando desses movimentos. Seja na Semana de Arte Moderna de 1922, com seus manifestos e ações de rua, nas intervenções de um Helio Oiticica, nos anos 1960, ou na contínua ação individual ou coletiva de artistas nos anos 1980, 1990 e na atualidade.

A pertinência e a importância de se discutir a arte urbana – arte feita na cidade e com a cidade – estão no fato de que esta pode ser pensada como prática social que tece com a cultura e a história uma densa trama simbólica que dá sentido às maneiras como produzimos e ocupamos os espaços públicos e, ao mesmo tempo, somos "produzidos" por eles. Como afirma Vera Pallamin, as obras desse tipo de arte "permitem a apreensão de relações e modos diferenciais de apropriação do espaço urbano, envolvendo em seus propósitos estéticos o trato com significados sociais que as rodeiam, seus modos de tematização cultural e política" (2000: 24). Nesse sentido, a arte urbana será entendida aqui para além de uma concepção decorativa ou ornamental dos espaços citadinos: mais como o que Fernando Silva (2004: 22) chamou de "arte pública", arte com possibilidades de redefinição da experiência do lugar a partir de espaços expandidos de criação, e também a partir da concepção de Paul Ardenne (2004: 41) de "arte de contexto" ou "arte in loco", ou seja, como o processo de se apropriar dos signos do espaço público e de "brincar" com eles, permitindo confrontar e rever valores, regras e códigos sociais e da cultura, como veremos a seguir.

Ocupações poéticas da cidade

> "Poesia serve exatamente para a mesma coisa que serve uma vaca no meio da calçada de uma agitada metrópole. Para alterar o curso do seu andar, para interromper um hábito."

Assim começa uma matéria do jornal *O Globo*, do Rio de Janeiro, publicada em 2 de outubro de 2005 e que chamava a atenção para a inusitada invasão de "vacas" na cidade de São Paulo. De 4 de setembro a 6 de novembro daquele ano, os paulistanos e visitantes assistiram à *CowParade*, um dos maiores eventos contemporâneos de arte urbana, que consiste na exposição de vacas-esculturas feitas de fibra de vidro, em tamanho natural, e que são espalhadas pelos espaços públicos de grandes cidades de todo o mundo. Com mais de cinco anos de existência, era a primeira vez que o projeto se realizava na América Latina; em 2006 passou por Buenos Aires e teve até uma edição inesperada em Belo Horizonte, em função da mobilização de grupos de artistas mineiros, em especial o Poro, de interferência em arte e *design*[23].

Criado em Zurique, Suíça, em 1998, o evento é um projeto que envolve desde empresas, artistas locais e terceiro setor até escolas e o público em geral. Inicialmente, abre-se uma espécie de concurso, em que artistas e interessados enviam projetos com idéias para a criação das esculturas. Os projetos – que precisam contar com o patrocínio de alguma empresa – são selecionados por um júri especial. A *Top Trends*, empresa de comunicação e projetos culturais, administra e viabiliza as iniciativas, como explica Gisele Kato (2005), em matéria publicada na revista *Bravo*, alguns meses antes de a exposição começar.

O projeto, contudo, é controverso. Em São Paulo, mobilizou artistas e ativistas, que se manifestaram contra o evento por seu apelo publicitário, afirmando que com ele dava-se mais atenção a vacas do que a pessoas e com isso se desviava a atenção da população para questões sociais mais sérias, como moradores de rua e mendigos (Moassab e Rebouças, 2006)[24]. Além disso, no projeto, a criação das esculturas não era tão livre, nem a localização das peças, fortuita. As vacas deviam seguir um padrão, podendo ser criadas a partir de três modelos: em pé, deitada e com a cabeça baixa, seguindo os moldes do artista plástico suíço Pascal Knapp, criador do evento. E, logicamente, costumavam ficar instaladas em frente ou nas proximidades das representações dos patrocinadores, embora não fosse essa a regra.

---

[23] Aconteceu também em agosto de 2006 em Belo Horizonte (http://www.poro.redezero.org/).
[24] Conforme discutem Andréia Moassab e Renato Rebouças, da PUC-SP, em "Arte e Cidade: construindo territorialidades", apresentado no I Seminário Arte e Cidade, realizado em Salvador, UFBA, em maio de 2006.

Assim, por exemplo, a vaca de jóias ("*Cownstelação*"), idealizada pela equipe de criação da H. Stern, ficou numa calçada em frente a uma loja da joalheria, nos Jardins, área nobre de São Paulo. A vaca apimentada ("Cow Chilli"), de óculos e cheia de desenhos de pimentas vermelhas em fundo preto, apareceu em frente à loja da *griffe* Chilli Peppers, na calçada da Avenida Paulista, na altura do Conjunto Nacional. A vaca "pelada" aparece vestida de bola de futebol, em frente a uma loja da cadeia McDonald's. Para evitar vandalismo e roubos, as vacas foram fixadas em uma base de 350 quilos de concreto e receberam um verniz antipichação, lavável com água. Diariamente, um caminhão, apelidado de "CowHospital", fez a manutenção dos trabalhos. Sob cada escultura havia uma placa[25] com dados relativos à peça ali instalada (patrocinador ou apoiador e nome do artista) e uma mensagem informando que o espectador/passante poderia votar na vaca de sua predileção por mensagem de texto no celular (SMS) ou pela internet. As três esculturas mais votadas seriam premiadas após o evento. Ficava evidente também que a interação prevista com o espectador era de certa forma induzida e que o patrocínio das empresas não era aí mero mecenato, estando, na prática, mais para estratégia de marketing do que para "amor à arte".

O evento seria considerado de pouca relevância para a discussão que estamos fazendo se não fossem alguns fatos inusitados ocorridos durante sua realização, que nos permitiram enxergar algo mais do que as efetuações de caráter mercadológico, institucional e filantrópico nele embutidas. Antes, porém, de discutirmos esses fatos, cabe evidenciar o aspecto propriamente artístico do projeto, que é o de promover uma "democratização" da arte, tirando-a dos museus e galerias, e de propor também um enriquecimento da relação que se mantém com os espaços da cidade através do inusitado. A idéia de transformar vacas em obras de arte e instalá-las nas

---

[25] A placa informava ainda que as esculturas seriam vendidas e os recursos revertidos para crianças carentes. O evento teve como um dos objetivos oficiais arrecadar pelo menos R$ 500 mil com o leilão das obras e reverter os recursos para a Fundação Abrinq pelos Direitos das Crianças (em todo o mundo o evento busca apoiar e beneficiar projetos para crianças).

ruas e prédios públicos de uma grande metrópole converte esses espaços numa espécie de museu ao ar livre e cria um jogo que ajuda a despertar nas pessoas o lúdico, com o fim de, no mínimo, surpreender e atiçar-lhes a imaginação. Como afirma Canevacci (1993: 30), "a coisa mais opaca de nossa cultura contemporânea é a que nos parece mais familiar, justamente porque nos envolve diretamente com toda a vida cotidiana". Em função disso, é muitas vezes preciso e mesmo desejável revisitar certa ordem de valores e códigos e "olhar obliquamente o superconhecido".

"Interromper um hábito". "Alterar o curso de um andar". Permitir-se instigar pela cidade e lançar sobre ela um olhar oblíquo. É própria das cidades a experiência da rua, que não se cansa de fazer-nos lembrar a possibilidade dessa incessante negociação com a realidade. Como afirma Janice Caiafa, a rua "mistura o estranho e gera um trânsito em que a percepção do espaço e a vivência dos encontros estão imbuídas de uma nova velocidade" (Caiafa, 1994: 121). É como se na caminhada, no contato com distintos elementos objetuais e imagéticos (edifícios, barracas, cartazes, *outdoors*) que nos comunicam histórias, discursos e poderes, pudéssemos fazer e refazer, de certa forma, o espaço que nos circunda, conferindo a essa experiência qualidades intensivas, tanto ao nível da percepção quanto ao nível das articulações dos signos ali presentes e da ressignificação dos espaços e seus códigos.

No caso da *CowParade* de São Paulo, a que estive presente, das 150 esculturas inicialmente previstas, foram criadas e espalhadas 84 vacas – pintadas e instaladas por artistas plásticos, *designers*, grafiteiros, cartunistas, publicitários e diretores de arte – pela região central da cidade, mas também em alguns pontos da periferia. As esculturas podiam ser encontradas em locais estratégicos e de passagem, como a estação rodoviária (Terminal Tietê), na saída de estações do metrô da Avenida Paulista, em esquinas elegantes dos Jardins, junto ao Museu de Arte Moderna (MASP), em parques como o Ibirapuera e da Luz, ou mesmo "escondidas" em espaços como a FNAC ou até em pátios de restaurantes.

Chamava a atenção nas peças o desejo dos artistas de não criar com elas "obras de arte" no sentido tradicional do termo, mas peças com potencial para o estranhamento com um viés lúdico. A estratégia pareceu-me bastante coerente com os princípios da arte que nos é contemporânea, que deixa para trás uma certa "coerência sistêmica" característica, em muitos momentos, da arte moderna, e vai assumir um permanente estado de descontinuidade, como afirma Danto (2003)[26].

O evento parecia se comunicar bem com as pessoas através desse aspecto lúdico, do pastiche, das articulações que fazia entre distintos elementos do cotidiano urbano e do diálogo entre obra e espaço de exposição. O lúdico funcionava ali como um atrator que despertava informalmente a atenção do espectador e o envolvia de forma prazerosa na obra. Não que esse seja o único modo de proporcionar essa comunicação. Muitas outras ações de arte urbana na própria cidade de São Paulo já se utilizaram de outros recursos e métodos, como, por exemplo, o megaprojeto Arte/Cidade[27], organizado por Nelson Brissac Peixoto (2002). Diferentemente, porém, do Arte/Cidade, interessado em discutir criticamente os usos e apropriações possíveis de espaços abandonados da cidade, confrontando-os com o apagamento de sua história e com as demandas do presente, a exposição de vacas ao ar livre denota-

---

[26] Na arte contemporânea, como afirma Danto (2003), o artista trabalha não mais com o desejo de rompimentos ou verdades, mas com o de realizar deslocamentos, através de colagens e simultaneidades. A obra aí não quer necessariamente "dizer nada" ou pelo menos não tem compromisso com um significado, embora a articulação de signos que a caracteriza permita complexas associações mentais que quase sempre nos levam a reflexões e questionamentos, que normalmente constituem o foco das investigações do artista.

[27] Como explica Brissac Peixoto (2002), Arte/Cidade é um projeto de intervenções urbanas que se realiza em São Paulo desde 1994. Busca destacar áreas críticas da cidade diretamente relacionadas com processos de reestruturação e projetos de redesenvolvimento, visando "indicar abordagens alternativas baseadas na ativação dos espaços intersticiais, na diversificação do uso da infra-estrutura, na dinamização sem concentração excludente e na heterogeneidade espacial e social" e "detectar o surgimento de novas condições urbanas, identificar suas linhas de força e instrumentalizar seus agentes para intervir em processos dinâmicos e complexos".

va um outro gênero de intervenção, talvez mais *light*, mas que constituía certamente um elemento de escape na paisagem urbana, já congestionada por todo tipo de signos e mensagens visuais. Um contraponto.

Sem pretensões de fazer o passante/espectador refletir profundamente sobre a arte e o devir urbano, as vaquinhas estavam lá, nos interpelando: "Por que não?" Em sua irreverente e bem-humorada simplicidade, as esculturas também seriam capazes de nos levar a pensar sobre a cidade, seus objetos e espaços de circulação e, conseqüentemente, sobre os rituais que neles se atualizam todos os dias. Permitem-nos pensar em que medida, finalmente, somos "pensados" e "produzidos" pela ordem simbólica da cultura urbana e seus aparatos.

Essas ações interferem no ritmo da cidade, seja pelo humor ou pelo enfrentamento, e vão destacando um espírito de embate com as regras sociais, fazendo dessas intervenções importantes formas de levantar questões e fazer com que elas sejam discutidas e tenham seqüência, como explica Ricardo Rosas (2003). Geralmente são realizadas sem alarde por grupos colaborativos de artistas chamados "coletivos". Um exemplo foi a performance do "exército de executivos", organizada em 2004 pelo grupo Esqueleto Coletivo, quando os artistas, engravatados, fizeram uma passeata em frente à Bolsa de Valores de São Paulo. Ou então a casa de árvore feita como protesto pela situação dos sem-teto, também em 2004, no centro de Salvador, pelos participantes do baiano EIA (Experiência Imersiva Ambiental).

Um trabalho que teve grande visibilidade foi o da artista japonesa Momoyo Torimitsu, ao trazer para o Rio, em 2001, seu robô Miyata Jiro, com o qual realizou uma curiosa performance, já realizada em outras cidades do mundo, que também tive a oportunidade de observar, à época. A ação consistia em colocar o robô – um executivo japonês de terno e gravata que se arrastava lenta e mecanicamente pelo chão e era seguido de perto por uma enfermeira (no caso, a artista) – passeando pelas ruas da cidade. Apelidado por vários transeuntes de "Fujimori", Jiro fez com que algumas pessoas fugissem da rotina e provocou as mais diferentes reações, que variaram de lugar para lugar. Nas ruas do centro, algumas pessoas que estavam normalmente correndo "atrás do tempo", como que se liberaram por alguns instantes, passando a seguir o robô em pleno coração financeiro da cidade, pelo Saara (zona de comércio popular também no centro, formada por um enorme emaranhado de ruas) e pela praia de Copacabana.

Em lugares onde se corre contra o tempo (Avenida Rio Branco, Avenida Paulista), de repente gera-se um retardo. Inocula-se um tempo lento, espécie de sabotagem na aceleração da grande cidade. O tempo imbui-se aí de uma outra qualidade e os espaços passam a ser vividos de forma mais intensa, por causa mesmo dessa variação temporal, desse *break*. É essa inoculação do tempo lento que favorece um certo estranhamento e uma revisão de nossos modos de circulação pela cidade que, dentre outras coisas, vi em *CowParade*.

Compreensivelmente, o grau da surpresa das pessoas com as esculturas parecia diminuir conforme o tempo de exposição às obras. Na ocasião, meu interesse principal foi observar as reações dos passantes, transformados em espectadores eventuais, nos diversos pontos da região central da cidade. De fato, nas ruas paulistanas, as reações das pessoas eram as mais diversas e iam da estupefação e risinhos abafados até a completa indiferença. "Eles não têm mais o que inventar", diziam alguns. "Que maluquice", soltavam outros. Para muitos, as esculturas eram apenas fonte de divertimento para as crianças, que posavam para fotos montadas nelas. Porém, as vaquinhas fizeram muito mais do que simplesmente colorir de surpresa e bom humor a metrópole cinzenta.

O evento produziu pelo menos três fatos que considerei relevantes, por meio de uma espécie de "efeito de expansão" ou de "contaminação", como é relativamente comum nos processos de interferência artística urbana. Tais fatos chamam atenção por serem desdobramentos imprevistos, nos quais de fato reside a potência criativa e singular desses processos. É neles também que podemos flagrar o aspecto propriamente relacional desse gênero de iniciativa.

O primeiro fato foi um efeito local, articulado diretamente com o evento e sua produção. Um pedido de mudança de localização de uma das peças – a vaca *hip hop* – feito a partir do comentário de estudantes do bairro Capelinha, no Capão Redondo (zona sul de São Paulo), que queriam prestigiar a mostra, mas reclamavam da distância. O pedido de levar a vaca à periferia foi feito à Top Trends por uma vereadora que ouviu os pedidos dos alunos em palestras em escolas da região. Surgiu, assim, a "vaca da periferia", que saiu do elegante endereço da Avenida Faria Lima e foi remontada no terminal urbano Capelinha, com circulação média de 215 mil pessoas por dia e administrada a partir da parceria entre SPTrans (companhia de transportes de São Paulo) e Socicam (empresa que administra terminais de transportes urbanos).

Um segundo efeito do evento se deu fora de São Paulo, mais precisamente em Belo Horizonte, quando um grupo de artistas resolveu criar 11 "vacas magras", em referência às esculturas da *CowParade*, como forma de protesto contra a falta de incentivo para a arte e a cultura locais. Na *CowParódia*, como foi chamado o evento, as vacas, feitas de caixinhas de leite, ataduras de gesso e restos de madeira, foram uma inteligente crítica, em âmbito micro, que acabou reverberando e alcançando inclusive certa visibilidade na mídia. Segundo a reportagem de Thiago Guimarães, da agência Folha (28/09/2005), a ação reuniu cerca de 20 pessoas de seis coletivos de artistas da cidade, que se conheceram durante outras intervenções nas ruas de Belo Horizonte. "Aproveitamos a deixa da *CowParade* para dizer que as vacas andam muito magras por aqui", disse a artista plástica Lívia Barreto. Ainda segundo a reportagem, por "vacas magras" entende-se a falta de eventos culturais gratuitos e de apoio à cultura popular. Para a integrante do movimento, os espetáculos grátis que chegam a Belo Horizonte são patrocinados por multinacionais que "aproveitam para bombardear a cidade com propaganda sobre sua conduta exemplar".

De volta a São Paulo, é possível observar um terceiro fato produzido, desta vez, na cultura da cidade. No mês de dezembro, após o término do evento, quando começavam preparos para os festejos de fim de ano, promoveu-se uma exposição de árvores de natal estilizadas, montadas no viaduto do Chá e na Avenida Paulista. O "Árvore Show", que pôde ser visto até 25 de dezembro, inspirou-se no espírito da *CowParade,* com réplicas de árvores, esculturas decoradas por artistas plásticos, *designers* e publicitários, como Lenora de Barros e Rubens Gerchman. Embora tivessem um apelo mais decorativo, funcionando como mobiliário transitório, remetiam ao aspecto de criação e recriação dos signos urbanos e das relações com objetos e espaços organizados e causaram também um misto de encantamento e estranhamento pelo inusitado dos formatos das árvores-obras.

É assim que a mudança não planejada de endereço de uma das peças da *CowParade* pareceu ser um efeito "micropolítico"[28] do processo de intervenção artística no interior das práticas institucionais estabelecidas, em que uma dada forma de organização cedeu ao movimento de outros agentes sociais, tecendo em conjunto o sentido da experiência da obra e do evento. Por sua vez, a exposição das árvores de natal artísticas inspirada na exposição das vacas – que talvez até entre para o calendário oficial de eventos da cidade – parece demonstrar o contágio criativo da idéia da *CowParade* e investimento no gosto pelo inesperado nos espaços da cidade.

Outro efeito micropolítico importante, a paródia realizada pelos artistas mineiros, deixa claro que o alcance de tais ações não se dá apenas de forma localizada. Estas se encadeiam e vão engajar outros agentes, em outros contextos, mostrando que é próprio das interferências artísticas na atualidade o fato de elas se darem em conjunto e não mais isoladamente, dada a complexidade da rede de comunicações nas quais se inserem não apenas as práticas institucionais e mercadológicas, mas também as próprias práticas artísticas.

Esse efeito de contágio é comum no âmbito dos processos da arte urbana e das intervenções artísticas, exatamente por causa das articula-

---

[28] "Micropolítica" é um conceito empregado por Felix Guattari (1999: 127) para designar um conjunto de modalidades de interferências subjetivas, "moleculares" – por distinção ao "molar" (macro), com evidência e maior visibilidade nos processos sociais. A ação micropolítica é aquela que atua na formação do desejo no campo social, nos modos de formação de visões de mundo e nos modos de vida. Está presente nas práticas diárias, cotidianas, solitárias, de grupo e dá-se precisamente no cruzamento das instâncias do coletivo e do individual, do social e do microssocial.

ções que são tramadas neles. Foi o caso da 9ª Bienal de Artes Plásticas de Havana, que acabou por produzir sua maior "obra" em São Paulo: retardar o despejo de 468 famílias sem-teto que há mais de três anos viviam na ocupação do edifício Prestes Maia, considerado o maior prédio ocupado por sem-tetos no Brasil[29]. Convidados oficialmente em cima da hora, 12 coletivos de arte brasileiros – que não conseguiram viabilizar sua ida até Cuba – resolveram expor seus trabalhos de intervenção urbana dentro do prédio ocupado, no centro da capital paulista. A sexta tentativa de despejo das famílias estava marcada para 15 de abril de 2006, enquanto que a Bienal se estendia até o dia 30. Assim, de maneira inesperada – mas intencional –, a sala instalada, denominada "Território São Paulo", prevista para acontecer em Havana, acabou ocorrendo em São Paulo, incorporando naquele espaço a proposta de intervenção que os artistas estavam apregoando e, como resultado do trabalho de arte, o despejo foi adiado por mais alguns dias.

Este aspecto processual e coletivo da arte urbana cria condições de possibilidade para o inusitado e para arranjos singulares que conferem aos encontros improvisados uma qualidade intensiva e caracterizam o que Reinaldo Laddaga chamou de "estética da emergência". Trata-se de ações não-tradicionais de arte que articulam idéias, instituições e diferentes agentes sociais para a produção de projetos colaborativos que não visam a produção de objetos artísticos, mas a instauração de processos que buscam "mobilizar singularmente a afetividade" e a funcionar como uma "tecnologia de encantamento" (Laddaga, 2006: 36).

No caso da *CowParade*, os desdobramentos observados podem ser considerados "obras a partir de uma obra", um efeito de multiplicação, de contágio, reverberações para além da obra e de seu tempo de exposição e que constituem o poder de interferência desse tipo de arte.

---

[29] Há grupos de ativistas que se dedicam atualmente à luta pelos "sem-teto" e por políticas de habitação nas grandes cidades, como é o caso do Movimento Sem-Teto do Centro (MSTC). Muitos artistas se juntam a essas causas, realizando protestos e ações de interferência, não raro ocupando "poeticamente" espaços públicos e/ou abandonados para chamar a atenção para o problema.

Neste sentido, considero que a obra não eram as esculturas em si mesmas, mas todo o processo de mobilização que adveio de sua exposição. O caráter processual de muitas obras de arte contemporâneas, além de demonstrarem o poder das microintervenções artísticas no espaço público, mostram também o quanto estas são capazes de produzir outros gêneros de intervenções num sentido mais amplo, inclusive político, como foi o caso da *CowParódia* e das manifestações contra o próprio evento das vacas em São Paulo, por parte de artistas e ativistas locais. Trata-se de produzir mobilizações de naturezas distintas a partir de um processo de intervenção coletiva, não importando tanto se a favor ou contra.

Essas ações ilustram bem as idéias de Michel de Certeau, ao tratar das possibilidades de negociação com os elementos do cotidiano e de reinventar com esses elementos novas práticas sociais e comunicativas. Certeau vê exatamente no cotidiano uma qualidade que considerou "dispersa, tática e bricoladeira" (1994: 41). Considerando-se, a partir de Certeau, a cidade não apenas como "objeto físico e espacialmente organizado", mas também como "forma social", é possível pensar a arte urbana como capaz de desestabilizar não apenas os significados cristalizados nos espaços públicos, mas também os afetos produzidos e que os acompanham.

É essa qualidade que torna possível negociar com os espaços construídos e organizados da cidade e que vai permitir o surgimento do que Certeau chamou de "operações microbianas", que proliferam em meio às estruturas sociais e da cultura urbana e que ele chamou de "invenção do cotidiano" ou "arte" ou "maneiras de fazer". Tais operações são capazes de alterar seu rumo ou funcionamento, mesmo que de forma precária e passageira, por meio de uma multiplicidade de práticas-táticas articuladas sobre os detalhes do dia-a-dia.

A arte urbana, como "prática social relacionada a modos de apropriação do espaço urbano" (Pallamin, 2000: 45), se dá mesmo no interstício dessas práticas, nos nós das redes que a constituem. Paul Ardenne, que prefere usar o termo "arte contextual" para tratar dessa arte feita na nervura do lugar onde se instala a obra, credita sua força e qualidade criativas a essa operação delicada de tecitura, na qual a arte se mescla com a realidade para brincar com seus elementos, ressignificando-os. Nessa arte, "o artista recorre à cidade como um 'médium' e faz dela um bem estético próprio" (Ardenne, 2004: 98), deixando nela uma marca singularizante que, por sua vez, poderá engajar criativamente outras pessoas, em outros processos.

Segue essa lógica Peter Pal Pelbart (2003), a tomar de Guattari e Gabriel Tarde a idéia de que é sempre possível pensar a produção social do novo a partir de variações nas formas existentes e das coisas mais banais. Inventar novos desejos e novas crenças, instituir novos valores, novas formas de associação e de cooperação são também formas de produção social, lembra Pelbart.

Retomando Guattari, pensar ações micropolíticas implica, em última instância, pensar em possibilidades de resistência e mudança, que passariam hoje também pelo que ele chamou de reapropriação de "equipamentos" ou de "estruturas" coletivas, aí entendidos não necessariamente como os espaços coletivos propriamente ditos (a fábrica, a empresa, a universidade, os órgãos governamentais), mas os conjuntos das regras e dos modos de funcionamento que norteiam esses aparatos institucionais. Guattari acredita que é possível introduzir mudanças nessas estruturas tanto por meio de intervenções molares (macro) quanto por meio de fissuras ou brechas nos modos correntes de pensar e agir individual ou coletivamente, ou seja, pela reversão ou reapropriação dessas estruturas coletivas (intervenções micro). É dessas modalidades de intervenção que vejo tratar a arte urbana.

As intervenções artísticas urbanas e o uso poético de elementos do cotidiano são capazes de instaurar, mesmo de forma pontual e efêmera, momentos em que se produzem com a cidade e seus espaços essas fissuras, esses espaços precários de reversão. A arte funcionaria aí como uma engrenagem, uma "máquina produtora de novas sensibilidades", que realizaria, segundo Caiafa, um trabalho criador com as formas expressivas, abrindo "brechas nas subjetividades padronizadas, fazendo surgir singularidades" (Caiafa, 2000: 66). Esse trabalho criador é precisamente um exemplo do que Guattari (1993: 134-135) chamou de processos de singularização, processos que surgem desse poder da arte de produzir rupturas nas significações dominantes e de sua capacidade de operar também transformações na própria subjetividade.

Eventos como Arte/Cidade e a *CowParade*, em São Paulo, bem como as ações realizadas por grupos de artistas que têm menor visibilidade – mas, nem por isso, menor potencial de criação ou de intervenção, como tentamos brevemente ilustrar –, são apenas alguns exemplos de agenciamentos concretos desses processos singularizantes, que poderão contagiar-nos com seu gosto pelo inusitado e fazer-nos produzir outros olhares e outras práticas individuais e coletivas na cidade. Afinal, uma cidade é lugar de quê?

Referências bibliográficas

ARDENNE, Paul. *Un art contextuel*. Paris: Éditions Flammarion, 2004.

BENJAMIM, W. *Magia e Técnica, Arte e Política*. Obras Escolhidas, v.1. São Paulo: Brasiliense, 1985.

CAIAFA, Janice. *Nosso Século XXI: notas sobre Arte, Técnica e Poderes*. Rio de Janeiro: Relume-Dumará, 2000.

_____. *Velocidade e condução nas cidades*. ECO/Publicação da Pós-Graduação em Comunicação e Cultura, v. 1, n. 5, p. 117-128, 1994.

CANEVACCI, Massimo. *A cidade polifônica: ensaio da antropologia da comunicação urbana*. São Paulo: Nobel, 1993.

DANTO, Arthur. *Después del fin del arte*. Buenos Aires: Paidós, 2003.

DE CERTEAU, Michel. *A invenção do cotidiano*. Petrópolis: Vozes, 1994.

DE MICHELI, Mario. *As Vanguardas Artísticas*. São Paulo: Martins Fontes, 1991.

GLUSBERG, Jorge. *A Arte da Performance*. São Paulo: Perspectiva, 1987.

GONÇALVES, Fernando do Nascimento. *Comunicação, Cultura e Arte Contemporânea*. In: Anais do X Seminário de Pesquisadores da Comunicação da Região Sudeste/Intercom. Rio de Janeiro, UERJ, dezembro de 2004.

GUATTARI, Félix. *Caosmose*. Rio de Janeiro: Editora 34, 1993.

GUIMARÃES, Thiago. (28/09/2005) *Artistas fazem "Cow Paródia" contra falta de incentivos culturais*. Agência Folha/Folha de São Paulo [Online]. Disponível em: http://www1.folha.uol.com.br/folha/cotidiano/ult95u113550.shtml.

KATO, Gisele. *As vacas foram para a rua.* Revista Bravo. Ano 8, fevereiro de 2005, p. 22.

LADDAGA, Reinaldo. *Estetica de la emergencia.* Buenos Aires: Adriana Hidalgo Ed., 2006.

KAPROW, Allan. *Essays on the Blurring of Art and Life.* Berkeley: California University Press, 1993.

MEDEIROS, Marta. Veneno Antimonotonia. Jornal *O Globo/Revista O Globo*, 02/10/2005, p. 2.

MOASSAB, Andréia e REBOUÇAS, Renato. *Arte e Cidade: construindo territorialidades.* In: Anais do I Seminário Arte e Cidade. Salvador, UFBA, maio de 2006.

MOVIMENTO SEM TETO DO CENTRO. [Online]. Diponível em: http://www.mstc.org.br/

PALLAMIN, Vera M. *Arte Urbana.* São Paulo: Annablume, 1998.

PEIXOTO, Nelson Brissac. *Paisagens Urbanas.* São Paulo: Senac, 2004.

_____ (org.) *Intervenções Urbanas: Arte e Cidade.* São Paulo: Senac, 2002.

PELBART, Peter Pál. *Vida capital: ensaios de biopolítica.* São Paulo: Iluminuras, 2003.

RIEMSCHNEIDER, Buckhardt e GROSENIK, Uta (Orgs). *Art at the turn of the millennium.* Colonia, Taschen, 1999.

ROLNIK, Suely e GUATTARI, Félix. *Micropolítica: cartografias do desejo.* Petrópolis: Vozes, 1999.

ROSAS, Ricardo. *Notas sobre o coletivismo artístico no Brasil.* In: Trópico, 2003. Disponível online: http://pphp.uol.com.br/tropico/html/textos/2578,1.shl. Acesso em 22/01/2006.

ROUGE, Isabelle de Maison. *L'Art Contemporain.* Paris: Le Cavalier Bleu, 2004.

SILVA, Fernando Pedro. *Arte Pública.* Belo Horizonte. Ed. C/Arte, 2005.

VIRILIO, Paul. *Espaço Crítico.* Rio de Janeiro, Ed. 34, 1993.

Espaço e poder: estratégias de resistência na sociedade de controle

Ana Julia Cury de Brito Cabral[30]

Introdução

O sistema capitalista atingiu, especialmente a partir dos anos 1980, um novo estágio em seu processo de expansão ilimitada. O caráter internacionalista do capital já fora descrito por Marx no século XIX e a história do "breve século XX", segundo Hobsbawm, confirmou essa característica do modo de produção capitalista. Qual a novidade, então, que poderia ser identificada, neste início de século XXI, no processo de expansão e de mutação do capitalismo?

O neoliberalismo – um dos nomes que se pode dar a esse novo estágio do capitalismo – se apresentou como única alternativa, no cenário mundial, para a retomada do desenvolvimento e do crescimento econômico após o esgotamento da "era de ouro do capitalismo", vivida entre os anos 1940 e 1970, e que chegou ao fim de forma definitiva com a crise do petróleo em 1973 (Sader, 2005).

---

[30] Mestre em Comunicação e Cultura pela Universidade Federal do Rio de Janeiro – UFRJ.

Ele propunha uma defesa radical das idéias e das práticas clássicas do liberalismo econômico – a defesa da desregulamentação e da livre circulação – e se contrapunha aos modelos predominantes até então, tanto nos países do centro (*welfare state*) quanto na periferia capitalista (modelo de substituição de importações) e nos países do chamado "campo socialista" (modelo de economia planificada).

Assumido como modelo hegemônico em escala mundial com a eleição de Margaret Thatcher na Inglaterra e de Ronald Reagan nos EUA, o neoliberalismo contou desde o início com o FMI, o BM e a OMC, instituições de alcance internacional que generalizaram as políticas de liberalização econômica e financeira, com desregulamentação, privatização, abertura das economias para o mercado mundial, precarização das relações de trabalho, retração da presença do Estado na economia. No final dos anos 1980, com a queda do Muro de Berlim e o fim da URSS, o neoliberalismo recrudesceu e alguns de seus defensores anunciaram o "fim da história" (*Id. ibid.*).

Esse novo estágio do capitalismo produz novas instâncias de poder e novas formas de exercício do poder que provocam também alterações e reconfigurações no espaço das cidades. Para entender essas mudanças, o termo utilizado por Deleuze (1992) em seu curto – e muito denso – texto intitulado "*Post-scriptum* sobre as sociedades de controle" parece especialmente interessante. É verdade que há diversas expressões que podem designar esse novo estágio do capitalismo, dentre elas a "sociedade do espetáculo", de Guy Debord, o "capitalismo tardio", de Fredric Jameson etc. Vale explicar, portanto, as vantagens da expressão "sociedade de controle", escolhida por Deleuze.

Esse termo dá continuidade a uma análise das relações entre espaço e poder iniciada por Michel Foucault. Conforme aponta Rabinow (2003), uma das maiores contribuições de Foucault foi ter dado ao espaço uma centralidade como problema político e analítico. No esforço de compreender as relações de poder no plano da micropolítica, Foucault – no contexto do estruturalismo francês dos anos 1960 – dedicou-se ao estudo do espaço como categoria fundamental no processo de constituição das estruturas de poder das sociedades.

A partir de exemplos concretos, como o Panóptico, Foucault mostra que as localizações espaciais e os projetos arquitetônicos têm sido parte de estratégias políticas em determinados momentos históricos da sociedade ocidental. Ele distingue dois desses momentos, que constituem regimes distintos no que diz respeito ao tratamento e à organização do espaço e do poder. O primeiro é o regime da soberania, no qual a unidade espacial básica é o território. Com o objetivo de preservar e defender o território, o espaço é organizado em torno de uma centralidade representada pela figura do soberano divino. Esse regime é predominante no período histórico que vai do século XV ao XVIII – ou seja, no período em que os Estados absolutistas são o modelo de estruturação do poder.

O segundo regime, que abrange os séculos XVIII, XIX e tem seu apogeu no início do XX, é o das sociedades disciplinares. Nesse regime, o problema passa a ser o controle e a distribuição dos corpos numa ordem espacial que funcione de tal modo que eficiência, docilidade e hierarquia sejam atingidas simultaneamente. Os indivíduos são confinados em diferentes espaços (escola, fábrica, família, hospital, prisão) e os confinamentos são moldes, distintas moldagens. A disciplina nasce e se consolida concomitantemente ao modo de produção capitalista – e Foucault chama a atenção para a importância da fábrica como modelo típico do confinamento.

Em *"Post-scriptum..."*, Deleuze (1992) utiliza o termo "sociedade de controle" para designar as novas configurações do poder em um novo estágio do capitalismo. Segundo o autor, essa sociedade de controle começa a tomar forma mais clara no pós-guerra, quando a crise das instituições disciplinares (a família, a escola etc.) se torna também indiscutível. A diferença que de início se pode marcar nesse novo exercício do poder é que agora não se trata mais de confinar os indivíduos em espaços fechados e com funções diferenciadas. Pelo contrário, o controle se faz ao ar livre, no fluxo dos corpos – em analogia com o capitalismo financeiro, em que os fluxos de capitais passam a comandar a economia mundial:

É o dinheiro que talvez melhor exprima a distinção entre as duas sociedades, visto que a disciplina sempre se referiu a moedas cunhadas em ouro – que servia de medida padrão –, ao passo que o controle remete a trocas flutuantes, modulações que fazem intervir como cifra uma percentagem de diferentes amostras de moeda (*Id. ibid.*: 222).

Os controlatos não funcionam mais em moldes, mas, sim, em modulação, como uma moldagem autodeformante que muda continuamente a cada instante. Nessa mesma lógica, Deleuze aponta uma mudança fundamental: a substituição da fábrica pela empresa. A figura da empresa é chave para compreender as novas configurações do poder: "(...) a empresa se esforça mais profundamente em impor uma modulação para cada salário, num estado de perpétua metaestabilidade, que passa por desafios, concursos e colóquios extremamente cômicos" (*Id. ibid.*: 221). A formação permanente é a regra e garante o controle contínuo e ininterrupto dos indivíduos.

Conforme o autor faz questão de enfatizar, os novos tipos de máquinas que servem ao controle (as novas tecnologias da comunicação, que permitem a instalação de satélites e câmeras em todos os cantos do planeta) são uma evolução tecnológica, sem dúvida, mas antes de tudo constituem uma mutação do capitalismo. Da Segunda Guerra em diante, o capitalismo assumiu cada vez mais um novo estágio: o da sobreprodução. Está cada vez mais voltado para o produto e sua venda e, nesse contexto, o marketing aparece como o instrumento de controle social, de conquista/controle dos mercados consumidores.

Por fim, Deleuze completa seu breve ensaio questionando-se sobre as novas formas de resistência ao controle que poderiam surgir. O que se manteve e até mesmo se agravou foi a miséria produzida pelo sistema capitalista: três quartos da humanidade vivem em condições de pobreza, impossibilitados de se encaixarem no novo perfil do homem endividado da cultura do consumo. Os sindicatos, cuja luta se deu contra as disciplinas e nos meios de confinamento, talvez não sejam mais uma forma de resistência viável. A pergunta que nos deixa o filósofo é: "Será que já se pode [*sic*] apreender esboços dessas formas por vir, capazes de combater as alegrias do marketing?" (*Id. ibid.*: 225). A continuação deste trabalho é uma tentativa de rascunho-resposta à pergunta de Deleuze.

Novas formas de resistência?
Culture jamming: a antipropaganda e o espaço público

Uma breve análise de dois "movimentos" que procuram desenvolver uma prática de resistência à sociedade de controle pode servir como ponto de partida para estabelecer um diálogo com o texto de Deleuze. O investimento direto do capitalismo nas subjetividades e a "mais-valia de poder" que ele extrai disso são tão importantes para a sua manutenção quanto a mais-valia no sentido clássico de Marx (Caiafa, 2002). Enquanto, nas palavras de Deleuze, muitos jovens pedem estranhamente para serem "motivados" e solicitam novos estágios e formação permanente, há outros que já descobriram a que estão sendo obrigados a servir e que procuram linhas de fuga, desejam pensar em alternativas a essa ordem.[31]

A grande arma de que se serve o sistema capitalista para manipular as faculdades psíquicas dos indivíduos e colonizar o seu inconsciente é a publicidade. Como aponta Deleuze, o marketing é o novíssimo instrumento de uma antiga prática: a do controle social. A propaganda não objetiva somente vender um produto ou um serviço, mas também promove uma reengenharia do corpo e da mente, manipulando faculdades psíquicas.

Essa "função obscura" (Klein, 2002) da publicidade já fora percebida há algum tempo, mais claramente nos anos 1960, concomitantemente ao avanço do poder da mídia e da publicidade e sua invasão do cotidiano

---

[31] O filme *Edukators* (2004), do diretor Hans Weingartner, é um exemplo de captura e expressão desse desejo de forma original e cativante.

e do tempo/espaço do lazer. Ao longo da década de 1990, ressurgiram diversos movimentos de resistência ao império das imagens. A especificidade desta reação é que ela se materializa no ataque às grandes corporações e marcas que, segundo os militantes e ativistas, representam as instituições de poder do capitalismo contemporâneo.[32]

Uma destas novas manifestações é a *culture jamming*, a "prática de parodiar peças publicitárias e usar os outdoors para alterar drasticamente suas mensagens" (Klein, 2002: 308). Para os *jammers*, as ruas são espaços públicos e, uma vez que a maioria dos moradores não pode fazer frente às mensagens corporativas comprando suas próprias peças publicitárias, eles devem ter o direito de responder às imagens que nunca pediram para ver. Além disso, defendem também o argumento de que a concentração de propriedade de mídia impede o direito de livre expressão – que se torna apenas uma falácia da democracia capitalista ocidental.

As mais sofisticadas *culture jams* são contramensagens que interferem no método de comunicação das corporações, revelando a verdade oculta sob os eufemismos publicitários. A sofisticação dessas alterações consiste no fato de que elas fazem uso da legitimidade visual da própria publicidade para atacá-la. A maioria dos *jammers* é composta de jovens que já nasceram num mundo preenchido pelas imagens publicitárias e aí está o segredo de sua eficiência: "o brilho de seu trabalho é alcançado precisamente porque eles ainda sentem uma afeição – embora profundamente ambivalente – pelo espetáculo da mídia e a mecânica da persuasão" (*Id. ibid.*: 323).

Tentar apontar as raízes da *culture jamming* é uma tarefa difícil, em grande parte porque a prática é uma mistura de grafite, arte moderna, filosofia punk faça-você-mesmo e molecagem antiqüíssima. Foram Guy

---

[32] Apesar da dificuldade de identificar as instâncias de poder na sociedade de controle, esse esforço é fundamental e o denominado "movimento antiglobalização" de fato parece que as encontrou: as grandes corporações multinacionais, aliadas aos organismos multilaterais como o FMI e a OMC, que juntos escrevem a cartilha da economia mundial.

Debord e os situacionistas que, em maio de 1968, primeiro articularam o poder de um simples *détournement*, definido como uma imagem, mensagem ou artefato arrancado de seu contexto original para criar um outro significado. Aliás, vale ressaltar que o movimento contracultural dos anos 1960 é referência fundamental para os *jammers*, que realizam uma espécie de revisão crítica do passado.

A diferença principal hoje é que as mensagens dos *jammers* são mais incisivamente políticas. Isso porque as mensagens de seus predecessores, que eram consideradas extremamente subversivas na década de 1960, hoje parecem mais slogans da Nike. Ou seja, o discurso das corporações se apropriou facilmente das acusações que sofreu naquela década; os militantes e ativistas, conscientes do cinismo do marketing, decidiram atacar não mais os conteúdos da publicidade, mas a contradição entre as suas promessas e as ações perversas das empresas que as põem nas ruas (*Id. ibid.*).

A exigência deixou de ser reformar campanhas publicitárias problemáticas e passou a ser questionar se os publicitários tinham o direito legítimo de invadir todos os centros de nosso ambiente físico e mental. Uma vez que a cultura da publicidade mostrou sua notável capacidade de absorver e até de lucrar com as críticas ao conteúdo, tornou-se muito claro que o único ataque que realmente abalaria essa indústria não seria se voltar contra as belas figuras nas fotos, mas dirigir as acusações contra as corporações que as pagam.

Segundo Naomi Klein (2002), a ressurgência experimentada pela *culture jamming* se deve, em parte, aos avanços tecnológicos que proporcionaram a sofisticação de suas estratégias de ataque (o acesso muito facilitado às tecnologias da comunicação e da imagem), mas também, por outro lado, às "boas e velhas regras de oferta e demanda". A autora afirma que "algo não tão longe da superfície da psique pública está encantado em ver os ícones do poder corporativo subvertidos e ridicularizados" (*Id. ibid.*: 315).

Quanto às novas tecnologias da comunicação que facilitam essas ações, Klein (2003) aponta o processo de modelagem do movimento à sua imagem e semelhança. Graças à rede mundial de computadores, as atividades e mobilizações (quando se trata de agir em grupo) ocorrem com pouca burocracia e uma hierarquia mínima; o consenso forçado e os manifestos elaborados desaparecem do cenário, substituídos por uma cultura de troca de informação constante, frouxamente estruturada e às vezes compulsiva.[33]

Assim, no caso da *culture jamming* e de outros movimentos recentes, seria possível identificar um redirecionamento das novas tecnologias de comunicação, uma criação de arranjos alternativos ao modelo comercial predominante em que se inseriu logo de início a comunicação em rede. As facilidades trazidas pela Internet estão inseridas num "capitalismo mundial, cada vez mais internacional, mais desterritorializado, e, portanto, dependendo dessas vias de penetração a um tempo muito amplas e muito fragmentadas, moleculares" (Caiafa, 2002: 124). A exploração das potencialidades criadoras que se abrem com esses recentes processos de comunicação parece ser um dos aspectos fundamentais na configuração de movimentos como a *culture jamming*.

No entanto, é preciso evitar também uma explicação determinista e reducionista para o surgimento desses movimentos. Klein (2003) aponta que, ao mesmo tempo que a estrutura de teia é em parte um reflexo da organização baseada na Internet, ela é também uma resposta às próprias realidades políticas que inflamaram os protestos: o fracasso dos partidos políticos tradicionais, especialmente em países em que partidos de esquerda chegaram ao poder e não realizaram mudanças radicais. Os militantes modernos não acreditam que a verdadeira mudança virá de uma urna eleitoral. E é por isso que eles estão mais interessados em desafiar os mecanismos que tornam a democracia incompetente, como o financiamento corporativo de campanhas eleitorais ou a capacidade das grandes corporações de atropelar a soberania nacional.

---

[33] Essa observação é feita pela autora com relação aos protestos antiglobalização e a eventos como o Fórum Social Mundial. Vale também para a *culture jamming*, visto que há *jammers* que se organizam em grupos/coletivos, embora alguns optem por agir de forma independente.

Mas há uma questão que incomoda os *jammers*. A *Adbusters*, uma revista autodenominada o "boletim" da cena *culture jamming*, é acusada por alguns rivais radicais de não ser uma alternativa real à cultura de consumo, e sim apenas mais uma marca. Particularmente irritante para seus críticos é a linha de produtos anticonsumo da revista: pôsteres, vídeos, adesivos, postais e camisetas. Segundo Klein (2002), fica a questão de que fazer o marketing de um movimento antimarketing é um dilema excepcionalmente espinhoso – ou talvez, no limite, um verdadeiro paradoxo que deturparia a própria razão de existência do movimento, transformando-o em mais uma marca a ser vendida no mercado global do capitalismo.

Os profissionais de marketing acreditam e afirmam que a apropriação da *culture jamming* pela publicidade é a prova de que sempre haverá uma propaganda capaz de penetrar a última linhagem de cinismo do consumidor. O que eles não dizem é que a resistência dos *jammers* se dirige não ao governo ou ao patriarcado, mas, sim, ao marketing que tenta utilizar o rancor antimarketing para vender produtos: "Os novos anúncios das grandes marcas devem incorporar um cinismo jovem não em relação aos produtos como símbolo de status, mas em relação às próprias marcas multinacionais como incansáveis abutres da cultura" (Klein, 2002: 328).

Talvez, o erro de cálculo mais sério por parte dos mercados e da mídia seja a insistência em ver a *culture jamming* apenas como uma sátira inofensiva, um jogo isolado de um movimento solitário. Na verdade, a *culture jamming* é apenas uma das formas encontradas por essas pessoas para manifestar sua insatisfação. Os *jammers* estão agindo em muitas frentes diferentes: as pessoas que escalam *outdoors* são com freqüência as mesmas que organizam manifestações contra o Acordo Multilateral de Investimento, montando protestos nas ruas de Genebra contra a Organização Mundial do Comércio e ocupando bancos para protestar contra os lucros que estão obtendo com as dívidas dos estudantes. O *adbusting* não é um fim em si mesmo. Segundo Klein, ele é apenas uma ferramenta, entre muitas outras, emprestada e tomada em um movimento político mais abrangente contra a vida de marca.

O *Reclaim The Streets*

A privatização do espaço público na forma do carro continua a erodir os bairros e comunidades que definem a metrópole. Esquemas de estradas, "parques" de empresas, instalação de shoppings – tudo isso aumenta a desintegração da comunidade e o nivelamento de uma localidade. Todos os lugares ficam iguais. A comunidade se torna uma mercadoria – uma aldeia de compras, tranqüila e sob constante vigilância. O desejo de comunidade é então preenchido em outro lugar, através do espetáculo, vendido a nós, de uma forma simulada. (...) A verdadeira rua, nesse cenário, é estéril. Um lugar por onde passar, não onde estar. Ele existe somente como auxiliar de outro lugar qualquer – através da vitrine de uma loja, de um outdoor ou de um tanque de petróleo.

RTS de Londres (Klein, 2002: 351)

O *Reclaim the Streets* (RTS) foi um movimento que nasceu da união entre *ravers* ilegais, grileiros, militantes anticorporação, artistas políticos e ecologistas radicais. O RTS combate a privatização do espaço público, a mercantilização da comunidade e a esterilização da natureza. Seus eventos levaram a outro nível a filosofia da *culture jamming* de resgatar o espaço público. Em vez de encher o espaço que não foi ocupado pelo comércio com paródias de anúncios, os membros do RTS tentam enchê-lo com uma visão alternativa de como a sociedade pode ser na ausência de controle comercial (Klein, 2002).

O nascimento do RTS está intimamente ligado à proibição das festas *raves*, ocorrida em 1994 na Inglaterra. Tal fato levou os *ravers* a fazerem alianças com outros grupos que também lutavam contra o "poder urbano" – aquele que estabelece regras e normas para a circulação e a convivência no espaço público. Juntos, os diversos grupos começaram a desenvolver idéias até alcançarem uma nova forma de protesto, que consiste em provocar uma ocupação coletiva do espaço, gerando, assim, aquilo que as cidades, logo em sua origem, mostraram ter grande potencial de produzir: heterogeneidade (Caiafa, 2002).

O grupo, primeiramente arraigado em Londres, cresceu e ganhou ramificações em Sidney, Helsinque e Tel Aviv. Um evento da RTS em 1997 (denominado *Global Street Party*) chegou a juntar 20 mil pessoas. Tal acúmulo de indivíduos e grupos torna difícil classificar o RTS. Eles podem ser considerados festeiros, um grupo político, uma grande *rave* ou um festival. Qualquer denominação caberia e é exatamente este fator que torna mais difícil identificar líderes dentro do movimento (Klein, 2002).

Os eventos do RTS produzem um repovoamento do espaço da cidade, mesmo que absolutamente fugaz. A maneira como a festa se dá, de modo rápido e repentino, provoca uma mistura dos habitantes que, mesmo involuntariamente, experimentam um fenômeno inédito: a dessegregação dos meios fechados dos *shoppings*, de suas casas, dos escritórios e, no limite, de seus próprios automóveis. São, desse modo, levados a enfrentar a experiência de perceber a alteridade – mesmo que seja pela alteração das possibilidades de circulação e de acesso, uma vez que os eventos costumam interromper o tráfego em determinados quarteirões ou até mesmo em bairros inteiros da cidade.

Os participantes do RTS possuem uma lógica própria de organização de seus eventos. Primeiramente, o local do protesto é mantido em sigilo até o dia do acontecimento. Todos os participantes do movimento se encontram num local secundário para ir ao ponto de partida principal da manifestação. O grupo bloqueia o trânsito com uma encenação teatral ou alguma outra forma de manter o trânsito parado por muito tempo. Em seguida, sua ideologia é colocada em prática. Placas com dizeres "respire", "sem carros" ou "resgate o espaço" são erguidas e a rua é declarada "rua aberta" (Klein, 2002).

Nesse sentido, a festa de rua difere do modo como nossa cultura tende (ou tendia) a imaginar a liberdade. Sejam *hippies* caindo fora para viver em comunidades rurais, ou *yuppies* fugindo da selva urbana em veículos utilitários, a liberdade em geral se relaciona(va) com abandonar a claustrofobia da cidade. O RTS não anula a cidade ou o presente. Por um dia, o desejo por espaço livre não é apenas fuga, mas transformação do aqui e agora (*Id. ibid.*).

Assim, ao propor e realizar um repovoamento da cidade, ou de uma parte dela, e mesmo que momentaneamente, o RTS produz coletividade e heterogeneidade, resgatando uma "dessegregação provisória que é a força das cidades" (Caiafa, 2002: 129). Há, portanto, uma espécie de intuição – ou pode ser que seja mesmo uma compreensão mais racional – por parte de seus membros das relações entre espaço e poder. Para resistir aos novos poderes, e até elaborar propostas construtivas, é necessário pensar o espaço em que vivemos e no qual circulamos.

Uma das questões fundamentais, sempre posta em evidência pelos organizadores das festas de rua, é a privatização da circulação pela proliferação do automóvel. Ainda que menos evidente numa cidade como Londres (em relação aos subúrbios norte-americanos, por exemplo), o domínio do automóvel privado configura uma ocupação privada da via pública – além de provocar o aumento de problemas ecológicos devido à emissão de gás carbônico e outras substâncias tóxicas (Klein, 2002).

Em muitos eventos, as ruas são abertas com uma marcha de ciclistas que impedem a passagem dos automóveis, "abrindo" assim o espaço público a todos os habitantes da cidade. Conforme aponta Caiafa (2002), "a cidade orientada para o carro, de fato, parece mais adequada ao modo de dominação que predomina no capitalismo contemporâneo (...)" (*Id. ibid.*: 128). O automóvel privado é um instrumento muito adequado à sociedade de controle, pois está profundamente relacionado com a segregação de áreas residenciais que, por sua vez, se apóiam em meios fantasmáticos de comunicação (os fluxos de informação, as redes de informática, os cartões de crédito etc.).

No entanto, e como a própria autora chama a atenção, é preciso evitar uma posição absolutamente pessimista em relação a esses meios de comunicação. Para o RTS (assim como para a *culture jamming* e para grande parte dos novos movimentos de resistência surgidos em meados da década de 1990), a rede mundial de computadores é peça-chave – tanto em termos de sua própria origem e auto-organização quanto no que diz respeito à divulgação de suas ideologias e práticas. A comunicação por meio de *sites* e listas de discussão permite aos participantes trocar idéias e discutir estratégias de um modo bastante democrático e, ao menos aparentemente, sem hierarquia de vozes.

Um dos membros do RTS de Londres, entrevistado por Klein (2002), afirma que as atividades do grupo se tornaram menos fortes e mais espaçadas no tempo entre 1998 e 2000 (data da entrevista). Segundo ele, isso se deve a vários fatores, dentre os quais o principal seria a dificuldade de lidar com a violência que foi freqüente nos últimos eventos – a autocrítica é uma constante no RTS e seus membros ficaram bastante preocupados com os enfrentamentos com a polícia e, por causa deles, os rumos que as manifestações poderiam tomar.

Considerações finais

A efemeridade parece de fato ser uma das principais características dos novos movimentos que surgem como resistência ao controle capitalista. Segundo Klein (2003), quer se concorde ou não com esse novo modelo, não há dúvida de que uma de suas maiores forças é que ele tem se mostrado extraordinariamente difícil de controlar, em grande parte por ser tão diferente dos princípios de organização das instituições e corporações que procura atacar. Ele reage à concentração corporativa com um labirinto de fragmentação, à centralização com seu próprio tipo de localização, à consolidação do poder com dispersão radical do poder.

Quando os críticos dizem que os manifestantes carecem de visão, o que realmente estão dizendo é que eles não possuem uma filosofia revolucionária abrangente com a qual todos possam concordar. Isso é verdadeiro, e Klein (2003) afirma que essa característica é uma grande vantagem. No momento, segundo a autora, os militantes anticorporação estão cercados de possíveis líderes, ansiosos pela oportunidade de arregimentá-los como soldados.

Contudo, há uma ponderação sobre a contingência desses movimentos que Naomi Klein não considera suficientemente (provavelmente porque ela própria é uma militante e acredita e deseja acreditar nesses movimentos). A questão é que é válida também a hipótese de que talvez os novos movimentos estejam se constituindo à imagem e semelhança do próprio poder que caracteriza a sociedade de controle – e talvez isso impossibilite uma transformação radical da(s) sociedade(s). O grau de descartabilidade que o capitalismo de sobreprodução imprime ao cotidiano da produção e do consumo pode ter atingido até mesmo o "pensamento revolucionário". E pode ser que isso não seja nada bom – se pensarmos que essa configuração comprova a colonização de nosso inconsciente a tal ponto que não conseguimos mais formular uma recusa realmente efetiva.

Mas a aposta de Naomi Klein (2003) é mais instigante porque se constitui com base em uma espécie de "otimismo crítico". A autora levanta a hipótese de que talvez, fora dessa rede caótica de eixos e raios, algo mais vá surgir: não um projeto de algum novo mundo utópico, mas um plano para proteger a possibilidade de muitos mundos – "um mundo", como dizem os zapatistas, "contendo muitos mundos". Pode ser que, em vez de provocar o choque frontal com o capitalismo e seu poder materializado na forma do controle, esse movimento dos movimentos o cerque por todos os lados.

Referências bibliográficas

CAIAFA, Janice. *Jornadas Urbanas: exclusão, trabalho e subjetividade nas viagens de ônibus na cidade do Rio de Janeiro*. Rio de Janeiro: Editora FGV, 2002.

_____. "Povoas as cidades". *Fronteiras – estudos midiáticos*, vol. III, no 2, 2002. Universidade do Vale do Rio dos Sinos, São Leopoldo, RS.

DELEUZE, Gilles. "*Post-scriptum* sobre as sociedades de controle." In: *Conversações*. Rio de Janeiro: Editora 34, 1992.

FOUCAULT, Michel. "Space, knowledge and power". In: Rabinow, Paul (org.). *The Foucault Reader*. New York: Pantheon Books, 1984.

KLEIN, Naomi. *Sem logo: a tirania das marcas em um planeta vendido*. Rio de Janeiro: Record, 2002.

_____. *Cercas e janelas: na linha de frente do debate sobre globalização*. Rio de Janeiro: Record, 2003.

RABINOW, Paul. "*Ordonnance*, discipline, regulation: reflections on urbanism". In: Low, Setha M. & Zúñiga, Denise Lawrence (orgs.). *The anthropology of space and place: locating culture*. Blackwell Publishing, 2003.

SADER, Emir. *Perspectivas*. Coleção Os porquês da desordem mundial. Mestres explicam a globalização. Rio de Janeiro: Record, 2005.

Mídias e Configurações Identitárias

Prontoparaoconsumo[34]

Patrícia Burrowes[35]

"O marketing é agora o instrumento de controle social, e forma a raça impudente dos nossos senhores", escreve Deleuze em *Post-scriptum* às sociedades de controle (1992: 224). Sempre me intrigou essa frase. Que tipo de controle exerceria o marketing e quem seriam esses nossos novos senhores, por ele formados, impudentes, ou: que não têm pudor, que não têm vergonha, desavergonhados, descarados, segundo o dicionário Houaiss?

Em um trabalho anterior, procurei mostrar como empresas se utilizam de uma variedade de saberes, práticas, tecnologias, técnicas, máquinas e costumes presentes nos diversos ambientes da vida social para desenvolver seus produtos e serviços, apresentá-los de forma convincente e sedutora e comercializá-los. O setor responsável pela análise, ordenação e emprego de tais variáveis do ambiente social para a comercialização de produtos e serviços é o conhecido marketing, que tanto pode se concretizar num departamento quanto pode ser exercido por uma só pessoa. Chamei de *agenciamento do consumo* à conexão

---

[34] Uma versão anterior desse trabalho foi apresentada ao GT "Comunicação e Sociabilidade", do XV Encontro da Compós, na Unesp, Bauru, SP, em junho de 2006. Agradeço a Janice Caiafa, pelo relato crítico, e a todos os colegas pelas questões colocadas.
[35] Professora da PUC-RJ e pesquisadora associada do Ciec.

de elementos tão díspares, promovida pelo marketing em sua tarefa de conquistar, ampliar, diversificar, consolidar mercados (Burrowes, 2005).

De fato, o marketing é uma das táticas empregadas por empresas na sua estratégia geral de maximizar resultados de produção e de lucro, não é a única. Pensemos na reengenharia, por exemplo, diminuir os custos de produção com mão-de-obra; ou compras, buscar preços mais baixos dos fornecedores; e haverá outros. De qualquer forma, se o objetivo geral é maximizar os resultados (lucro), então, diminuir os custos de produção e ampliar a base de consumidores, ou ampliar a margem de ganhos, ou todas as alternativas anteriores parecem bons caminhos. É óbvio: o marketing age voltado especialmente para o lado do consumo. Neste trabalho procuro desenvolver a noção de agenciamento coletivo do consumo e refletir sobre seus efeitos.

Voltemos, portanto, ao conceito proposto por Deleuze e Guattari (1995): agenciamento coletivo. Agenciamento é a seleção, a ordenação e a conexão das variáveis de que é feita a vida, dos movimentos e corpos, das falas, dos signos, ações e paixões. São fluxos de discurso e estados de misturas de matérias em contato. São duas as faces de um agenciamento coletivo. Uma diz respeito às variáveis de expressão, que os autores chamam de "agenciamento de enunciação" – são os segmentos de discursos; e a outra diz respeito às variáveis de conteúdo, o "agenciamento maquínico": são os corpos, as concretudes. Essas duas faces, embora sejam independentes e heterogêneas, não estão isoladas. Ao contrário, interferem constantemente uma na outra, sem que a relação entre elas seja de representação, nem de referência. Os choques, as misturas, as trocas e modificações nos corpos são contínuos, incessantes e independem das palavras. Têm sua forma e sua substância próprias. Ocorre o mesmo às expressões. Elas têm, por si, substância e forma, que não se reduzem aos corpos. Os discursos, as palavras, os expressos são realizações da linguagem e o sentido se dá na linguagem. No entanto, o sentido é dito dos corpos.

A independência das duas formas, a de expressão e a de conteúdo, não é contradita, mas ao contrário, confirmada, pelo fato de que as expressões ou os expressos vão se inserir nos conteúdos, intervir nos conteúdos, não para representá-los, mas para antecipá-los, retrocedê-los, retardá-los ou precipitá-los, destacá-los ou reuni-los, recortá-los de um outro modo (Deleuze e Guattari, 1995: 27).

A língua, nos dizem ainda os autores, efetua atos. "Atos que se ligam a enunciados por uma obrigação social, todos os enunciados apresentam esse vínculo, direta ou indiretamente" (Idem: 16). Não só no sentido austiniano de "atos de fala", ações que se realizam na ou pela fala, como "eu vos declaro marido e mulher", embora Deleuze e Guattari partam daí, mas toda ela, língua, efetua atos que lhe são imanentes.

Retomemos Austin. Seus estudos propõem haver uma força ilocutória que é função da linguagem e parte fundamental do sentido. É a força ilocutória que permite ao ouvinte distinguir uma promessa de uma ameaça ou de um aviso, um pedido de uma ordem ou de uma súplica. E é importante compreender que essa força ilocutória não está ligada apenas a aspectos lingüísticos, mas se compõe de elementos extralingüísticos. Elementos do contexto social que participam diretamente da produção e da compreensão das enunciações. Incluem-se aí o ambiente da enunciação, a situação de interlocução, as relações de força e poder. Assim, a frase "Não haverá aula amanhã" assume diferentes sentidos conforme seja dita por uma jovem, uma professora, um homem; em casa, na sala de aula, no telejornal. Não só isso: é a cada vez uma enunciação diferente, pois ao mudarem as contingências é o enunciado que varia.

Deleuze e Guattari vão adiante: da mesma maneira como o ato de dar um aviso é uma função da linguagem, ou seja, para se compreender um aviso é necessário reconhecer primeiro a função de avisar, presente na língua e constituída de aspectos do campo social – o que explica o fato de a frase poder assumir diferentes sentidos, que só se efetivam na enunciação, segundo a função ativada: suplicar, ordenar, avisar –, dessa mesma maneira, é uma função da linguagem e um ato da língua recortar, delimitar, inserir-se no processo contínuo, e em si mesmo sem sentido, das modificações corpóreas. Mas é imprescindível aqui entender a língua pelo viés da pragmática. Como afirma Caiafa (1999: 62): "O processo de comunicação comporta toda uma exterioridade indissociável da formalização da expressão".

É o modo de antecipar, retroceder, retardar, precipitar, destacar, reunir ou recortar os conteúdos que já é, por si, um ato. Esse é o ato ilocutório: a relação interna dos enunciados com pressupostos implícitos ou pressupostos não discursivos. Significa que algo previamente estabelecido, não lingüístico, da dimensão social concreta, com suas relações de poder, é constitutivo da enunciação. Caiafa (Idem) esclarece esse ponto, a partir de Deleuze e Foucault: o domínio das relações de poder integra as visibilidades e os enunciados em cada agenciamento. É a "obrigação social" a determinar como os expressos vão conferir[36] aos corpos transformações incorpóreas que são imediatas, simultâneas à enunciação e redundantes. Explicitemos tais transformações: quando o sacerdote declara casados os noivos, não há modificação na matéria dos corpos. Ou melhor, são duas séries de modificações que entram em contato. A mudança de sentido expressa nas palavras implica e supõe uma mudança de regime de corpos. A enunciação marca um limiar a partir do qual os corpos estarão inseridos em outro agenciamento: haverá novas expectativas, novas ações e paixões, bem como toda uma nova série de discursos associados. Dessa forma se elucida também a redundância de que se trata: redundância do ato com o enunciado – o que ocorre, é o que se diz ocorrer; o que existe, é o que se diz existir; o que é, é o que se diz ser.

Os enunciados ordenam o mundo – tanto no sentido de que organizam quanto no sentido de que dão ordens. Daí afirmarem Deleuze e Guattari no texto mencionado que os enunciados são atravessados por palavras de ordem que definem a lógica das conexões. Mas cuidado: não há primazia das palavras sobre as coisas, pois a enunciação, lembremo-nos, é ela mesma atravessada e composta com "exterioridades" – variáveis do campo social.

---

[36] Conferir: como se confere a alguém um título ou o perdão dos pecados; ou imputar, como se imputa a responsabilidade de um crime.

O agenciamento é, então, uma forma de conexão entre elementos vários (signos e coisas) segundo uma lógica implícita, que ultrapassa os limites da ordem dos signos, pois está relacionada às particularidades do próprio agenciamento, o que nos remete a condições históricas, estados das matérias, jogos de poder e de força. A enunciação, portanto, não é isolada, não se liga a um sujeito primeiro, mas, sim, às circunstâncias, ao agenciamento como um todo. E a subjetividade é também um efeito do agenciamento coletivo, produz-se com ele, no contato de heterogeneidades, e propaga-se com ele.

Pinçar, agrupar, serializar

Pensemos um pouco mais no agenciamento coletivo do consumo. Quais seriam seus pressupostos implícitos, sua obrigação social? Qual é a ordem silenciosa – a um tempo organização social e imperativa – que se reproduz em seus enunciados? Que tipo de subjetividade engendra? A ordem é o mais evidente, é a disposição para o lucro, é ganhar cada vez mais, a "relação custo-benefício", bordão que ouvimos com tanta freqüência e nas mais inusitadas situações. O que significa isso, senão extrair o máximo, oferecer o mínimo? Ora, o marketing é um vetor, um transmissor, da visão e das práticas do mercado, é o que as introduz em todas as esferas da vida social. Evidentemente, o objetivo das empresas é o seu próprio bem, ou talvez o bem dos acionistas, sua prosperidade, que nem sempre se alinha com o objetivo do bem coletivo. É certo que a bandeira da "liberdade e satisfação do consumidor" é freqüentemente hasteada, para assinalar propósitos nobres, porém Benjamin Barber (2003: 50) alerta-nos para o perigo de

> confundir as escolhas particulares do consumidor com os direitos cívicos do cidadão. A liberdade de escolha entre 27 variedades de aspirina e a liberdade de optar por um sistema de saúde universal não são comparáveis. Mas a pretensa autonomia dos consumidores permite que os mercados mantenham um discurso populista: se você não gosta da homogeneidade do McWorld, não culpe os seus criadores, mas seus consumidores.

Segundo o autor, o problema empresarial de base é escoar uma superprodução num mercado supersaturado e a solução encontrada é a produção de demanda em escala industrial, não só para bens materiais, mas, e sobretudo, para bens imateriais, e, nesse caso, estamos falando de estilos de vida, segurança, identidades, todo um imaginário.

Por isso, o agenciamento coletivo do consumo diz respeito a um trabalho de extração e uso de constantes do processo de variação contínua que é a vida. Extrair constantes é um modo de tratamento das variáveis: em primeiro lugar, das pessoas se destaca a variável consumidor; a partir daí vão-se simultaneamente fragmentando e agrupando os dados, para formar categorias homogêneas. Teremos grandes grupos: mulher, jovem (18 a 25 anos), classe B, estudante, moradora de tal bairro, freqüentadora de academia de ginástica. E nesse perfil se enquadram milhares de pessoas. Interessante é notar que os princípios de clivagem que orientam a classificação baseiam-se eles próprios nos hábitos de consumo. Escapará, sempre, Joana, filha de José e Elvira, a que viu o mar pela primeira vez aos 5 anos, no dia da morte da avó, e por isso considera a morte salgada.

Ao pinçar e agrupar variáveis em "públicos-alvos", o marketing oferece identidades, modos de ser, estilos e monta uma hierarquia social baseada naquilo que se pode, ou não, consumir. É interessante, nesse ponto, refletir com Guattari (Guattari & Rolnik, 1986: 66-69) sobre a noção de identidade. O autor questiona se é de fato necessário delimitar comportamentos, fixar regulamentos, obedecer a códigos de um ou outro grupo, para viver, entender-se como si mesmo, estabelecer relações criativas, se organizar em sociedade. Identificar-se é alinhar-se a uma categoria reconhecível, enquadrar-se, colocar-se num lugar referenciado e passível de comparação e julgamento. Em vez da armadilha da identidade, Guattari sugere a fluência do "processo de singularização", rompendo com categorias estabelecidas e fugindo aos escaninhos classificatórios. A singularidade diz respeito à alteridade em si mesma, como princípio; a identidade, ao contrário, está sempre remetendo as diferenças a este ou àquele padrão, o que significa que tem como princípio a serialização.

Por mais que o agenciamento do consumo ofereça modelos de identidade dentre os quais se pode navegar com alguma facilidade, ainda assim, está quadriculando os modos de ser, encaixando-os, referenciando-os em relação a um padrão e em relação uns aos outros e a toda uma visão de mundo. Nesse caso, são as instâncias de classificação e reconhecimento que estão proliferando. Multiplicar os modelos de identificação não é o mesmo que produzir multiplicidades. Estas são singulares, por isso escapam às tentativas de codificação-decodificação. Elas portam a diferença em si mesmo, que é mais intensa, mais potente e menos controlável do que a diferença referencial.

Começamos assim a compreender em que sentido o marketing pode ser o "instrumento de controle" que afirma Deleuze (1992: 224) no texto que abre esta reflexão. A função-linguagem presente nos enunciados do marketing é, por um lado, ativar o desejo de consumo e a distinção pelo consumo; por outro lado, remeter as tendências à variação a um quadriculado de padrões; ou seja, é concentrar a energia social para alimentar o motor do sistema capitalista. O poder de controle do agenciamento do consumo pode ser vislumbrado pelo conjunto das transformações incorpóreas que as suas enunciações expressam e associam aos corpos. Isso começa pelo corte que extrai grupos homogêneos de consumidores das inúmeras variações e indeterminações que constituem pessoas. E vai adiante ao relacionar os consumidores deste ou daquele produto, cujo valor é expresso em quantidade de moeda, a valores não contábeis, qualitativos e impalpáveis como sucesso, respeitabilidade, desejabilidade, distinção etc. O consumo torna-se sobrevivência, não só no sentido feijão-com-arroz, mas sobrevivência subjetiva. Mas, por que adere?, podemos nos perguntar. Não se trata certamente de imposição. É necessário que o campo social que participa da produção e compreensão desses enunciados autorize a articulação. As pessoas estão engajadas nesse campo e não propriamente enganadas. O poder não é exercido por um grupo ou uma instância privilegiada, não se concentra num foco central. Mais adequada é a visão foucaultiana de poder fragmentado e distribuído por toda a sociedade em todas as suas microrrelações.

Ainda pensando com Deleuze e Guattari (1985: 18) quando as enunciações remetem a um agenciamento, não há vozes individuais, mas todas as vozes do tempo, que num momento ou outro se destacam e emergem numa enunciação. Ser falado por essas vozes. Colocar um nome num fluxo. Expressar um fluxo. É no discurso indireto que essa polifonia se deixa entrever com mais clareza. No discurso indireto, as delimitações rareiam, as fronteiras se esfumam e o agenciamento vem para o primeiro plano. Bakhtin (1977: 173) observa que o modo de apropriação num discurso do discurso de outrem fala muito sobre as relações de força da sociedade. No discurso indireto livre, não é só o conteúdo da fala incorporada que se transmite, mas também uma certa apreciação daquela fala, em termos de valores, afetos, personalidade.

Na publicidade comercial isso fica bastante claro: o discurso indireto é o modo por excelência dos anúncios. No burburinho de fundo da fala cotidiana os profissionais do marketing e da publicidade buscam suas frases, bordões, motes, textos, slogans e também seus motivos, seus argumentos para elaborar as promessas e a apresentação de um serviço ou produto. Parte-se do burburinho de fundo com o intuito de para ele retornar, carregando nessa volta aquilo que se quer comercializar. É um uso instrumental da fala do seu tempo, em que o discurso de outrem é editado, limpado de incompatibilidades e possíveis asperezas e incorporado como comprovação a todo custo de um ponto que se deseja afirmar. O mesmo mecanismo funciona para os corpos. São corpos vazios, recortados de suas misturas e agruras, que são inseridos em uma outra cadeia de significação. Há uma interrupção e o apagamento de certos pertencimentos – trabalho, mãos, pobreza; e a ativação de outros: sucesso, rosto, riqueza. Outrem funciona como suporte, não como alteridade. Dessa forma, qualquer fragmento pode ser anexado. Não só a propaganda paga em veículos diversos, mas todas as ferramentas do marketing em conjunto – assessoria de imprensa, promoção de vendas, políticas de patrocínio, produção de conteúdo etc. – entram em conexão com a mídia, fazendo isso ganhar ainda mais consistência.

Curiosas coincidências

Os meios de comunicação, no Brasil, em especial a TV por sua história e alcance, são os promotores do modo de vida e dos modelos de felicidade baseados no consumo. São o cimento entre o sucesso, o acesso ao consumo e uma idéia de felicidade. Pensemos nos prêmios em dinheiro e bens nos programas de auditório; na caracterização de personagens na ficção; na valorização da posse de bens de consumo (televisão, geladeira, carro) como indícios de progresso de uma pessoa ou de um grupo social; ou na exibição dos hábitos de vida cheios de luxos dos ídolos do esporte, da teledramaturgia, da moda, do meio empresarial, do meio político, até mesmo dos fora-da-lei. Além disso, são os meios de comunicação os propagadores dos outros balizadores, o medo e a sensação de insegurança, não só relativos à violência, mas ao abismo, ao risco de ser expelido e se tornar um despossuído.

A associação do marketing à mídia se dá não só pela via comercial, como dissemos, pela compra de espaço publicitário, que já determina muitos aspectos da programação, sobretudo a busca pela maior audiência, mas também graças ao gancho oferecido por características do jornalismo. Desde a definição do que é notícia – o que interessa ou afeta ao maior número de pessoas, o que tem maior alcance e impacto – até as condições objetivas, rotineiras, de produção de um jornal.

Alfredo Vizeu (2003: 80-82) lembra-nos de que um acontecimento não é notícia, transforma-se em notícia. São diversos os interesses que se entrecruzam na decisão do que será transformado em notícia: desde os valores pessoais e profissionais, até os valores de mercado, que tratam o jornal como mercadoria, avaliando audiência, impacto, sedução. Significa que, dentre os inúmeros acontecimentos que se dão no mundo a todo momento, é preciso selecionar. Antes, ou além, dos critérios ligados a interesses e linha editorial, as condições de seleção incluem dois elementos primordiais: a preocupação com o tempo, ou seja, a hora do fechamento do jornal, e as limitações físicas de espaço disponível para a publicação (que no rádio e na TV é também medida do tempo, naturalmente). Segundo Vizeu, um dos modos de se assegurar a disponibilidade de material publicável a tempo é ter uma relação de fontes[37] confiáveis: "As mais credíveis são aquelas que podem programar suas atividades de modo a satisfazer a necessidade contínua que os mass media têm de cobrir eventos previamente marcados" (Idem: 83).

As fontes, de forma crescente, estão direta ou indiretamente ligadas ao marketing. Especialmente por meio da atividade de assessoria de imprensa, exercida por jornalistas, muitas vezes oriundos das empresas de comunicação, que conhecem o cotidiano das redações e dominam os critérios de "noticiabilidade". Mas não somente por essa via. Como demonstram os estudos do comportamento de gangues americanas diante da mídia, mesmo os grupos ou pessoas que não têm uma assessoria de imprensa passam por um aprendizado informal, descobrem na prática o seu valor como fonte e adquirem "consciência da utilização estratégica que podem fazer dos media" (Sanchez-Jankowski, 1994: 113).

As manifestações culturais, esportivas e até mesmo de solidariedade social, por sua vez, são anexadas pelo gancho do patrocínio: precisam de verbas para se realizar; essa verba cada vez mais é proveniente de ações de patrocínio ou apoio de empresas. São elas que definem os critérios de seleção dos projetos que receberão verbas. Não é surpresa se só se investe em eventos que dão retorno de mídia e de audiência – o que se reduz ao mesmo. Lembremo-nos da "lei dos grandes números" de Champagne (1994: 10). Ele afirma que o aspecto político dos mecanismos de pesquisa quantitativos não está na manipulação de resultados, mas na promoção do critério de aprovação pela maioria a "princípio de legitimidade universal." O resultado disso é que conseguem patrocínio os eventos com características que atraiam o maior número de público e serão também, na maioria das vezes, os que atrairão a mídia dita "espontânea". Um breve levantamento dos eventos do verão 2006 carioca é eloqüente: Skol Rio, Oi Noites Cariocas, TIM verão na praia de Ipanema, Tour da Taça da Copa do mundo da Fifa

---

[37] Fontes, segundo Vizeu (2003: 83), são "as instituições, pessoas ou aparelhos que podem virar notícia".

por Coca-Cola (a Coca-Cola traz a taça.)... ou mesmo os enredos de Escolas de Samba do Carnaval carioca são alguns exemplos.

Essa função da cultura como suporte para marcas é observada e criticada por Klein (2003: 177-179), que desenvolve o conceito de "casulo de marca": todo um ambiente, um estilo de vida, que inclui desde o vestuário até o refrigerante, passando pelo roteiro de viagem, em que o consumidor se encaixa. A pioneira dessa estratégia teria sido, segundo Klein, a Disney com seus filmes que vendem personagens, que vendem brinquedos, que vendem parques temáticos etc. A Disney teria alcançado o ápice do desenvolvimento da marca com seu condomínio Celebration, uma verdadeira cidade Disney, na Flórida, onde o que surpreende é a paradoxal ausência de marcas, uma vez que esta se ampliou a ponto de absorver a vida.

Fontenelle (2004: 187), por sua vez, a partir da noção de "pseudo-eventos", acontecimentos pensados para a mídia, de Boorstin, aponta a crescente utilização desses eventos como cenários para produtos e serviços, de modo a garantir sua presença na "mídia-realidade". E, ainda, a produção de uma zona de interseção entre os terrenos da "mídia-realidade" e da mídia-ficção, ou da teledramaturgia e do jornalismo. A autora cita o caso da sobreposição entre a novela Celebridade e o São Paulo Fashion Week de 2004, obtida pela gravação de um dos capítulos da novela no evento. Simultaneamente o capítulo ia ao ar e a grife de moda lançava sua campanha publicitária.

Lembremo-nos de que o próprio evento Fashion Week já é uma ação de marketing. E impregnar novelas com elementos de "realidade" é uma tática conhecida. E se escrevo realidade entre aspas é porque se trata de fragmentos muito específicos do mundo, aqueles que, por terem sido amplamente repetidos nos meios de comunicação, podem ser reconhecidos por um grande número de pessoas. O que se reconhece não é um fato do mundo, impossível de se verificar, mas um fato da mídia, ou seja, da linguagem, ao qual a repetição confere viscosidade.

Ou seja, é preciso sempre manter em mente que, mesmo quando se trata de jornalismo, impresso, eletrônico ou digital, mas especialmente televisivo, no qual a imagem ganha peso de verdade, o que se mostra não é a realidade fugidia, instável, mas uma narrativa, um artefato, e que sua vizinhança com a ficção antecede o uso explícito que empresas fazem dele para exposição de suas marcas. Em uma palestra no Fórum de Cultura da UFRJ, um dos diretores do filme *Ônibus 174* contou que se surpreendeu quando quiseram usar seu filme como prova no tribunal. Disse ele, com exatidão: isso é um documentário, não é a realidade.

Nem só o jornalismo tem características que servem de ganchos às estratégias de marketing. Nos Estados Unidos, a Procter & Gamble Co., indústria que fabrica desde produtos de higiene e beleza, até rações para animais, mantém desde o começo de 2006 uma comunidade virtual chamada Vocalpoint[38] que reunia, em março, mais de 500 mil mães. São voluntárias, não remuneradas, que recebem produtos e descontos em troca do trabalho. Os objetivos da empresa são colher impressões e opiniões sobre produtos existentes ou em lançamento, levantar informações sobre os hábitos de vida das mulheres e promover, por meio da distribuição de amostras, ampla divulgação boca a boca. Segundo Jack Neff, colaborador da revista especializada *Advertising Age*, a seleção das mulheres é definida de acordo com a propensão a passar adiante as informações recebidas[39]. Por isso, mães de crianças em idade escolar são preferidas, uma vez que o encontro em torno da escola favorece o bate-papo. A Vocalpoint não serve somente para a divulgação de produtos P&G, é também um serviço oferecido a outras empresas em busca de publicidade (Neff, 2006). Outra grande empresa americana, a Wal-Mart, por sua vez, lança mão de *blogs* numa estratégia de relações públicas que busca melhorar a sua imagem. Os informes, com boas notícias sobre a empresa e sugestões de tópicos, são escritos e distribuídos por um profissional de RP e, embora, segundo a empresa, não se ofereçam aos *bloggers* compensações pela difusão das informações, muitos reproduzem os dados em suas páginas, às vezes tais e quais

---

[38] http://www.vocalpoint.com/login.aspx
[39] *"All of them are screened for their propensity to spread the word to their friends and be among the best-connected 'connectors' among the nation's 60 million or so mothers"* (Neff, 2006).

os receberam, sem sequer informar a sua origem (Barbaro, 2006). No primeiro caso, trocam-se afetos e influência por produtos. No segundo caso, compreende-se que a moeda de troca não é imediatamente o dinheiro, mas a audiência ou a expectativa de aumentar a visibilidade do *blog* e atrair anunciantes com a promessa de público comprador.

Há fartura de exemplos. O *Jornal do Brasil* publicou em 5 de agosto de 2006 uma matéria sobre as ações de *merchandising* – inclusão de referências a produtos ou serviços no texto e na trama da ficção –, tão freqüentes nas novelas brasileiras. Segundo a jornalista Ana Beatriz Corrêa, data de 1968 a primeira ação de *merchandising* em novela no Brasil. O negócio representaria hoje, para a Rede Globo, 5% do faturamento anual, o que significa 250 milhões de reais. Atores envolvidos nos anúncios enxertados recebem também sua parte: cerca de 1% do valor pago pelo anunciante à emissora. Entrevistado, um executivo da área aponta critérios de naturalidade, adequação ao conteúdo da ficção e às características da personagem como decisivos para o formato. Isso não impede, no entanto, que alguns enxertos pareçam forçados, como afirma, na mesma matéria, outra profissional.

Uma consistência viscosa

É a todo esse amálgama de práticas e interesses que chamamos de agenciamento coletivo do consumo. A idéia de agenciamento do consumo mostra que a imbricação entre marketing, como vetor do capitalismo, e meios de comunicação não é um acidente que sobrevém ao espaço que de outra forma seria livre, mas está presente, desde o início, nos pressupostos, na própria condensação do território da mídia, ainda que como um limiar. Daí a importância de investigar o processo de formação, o adensamento desse território, com a distribuição de forças e princípios que hoje se acirram[40].

---

[40] Caminha nesse sentido o projeto que desenvolvo sobre televisão neste momento.

Em tal território, os pressupostos implícitos são o uso instrumental e o lucro, baseados na relação de compra e venda, que se torna modelo de vínculo social. A relação de consumo, afirma Caiafa em outro texto, é "a atitude que deve organizar a experiência" (Caiafa, 2000: 50). Sendo que o consumo implica rápido desfrute e descarte. Sejam marcas, imagens, acessos, sensações, sentimentos ou experiências, o fato é que isso se adquire instantaneamente e com dinheiro, capital, aquilo que cada vez mais se precisa ter para se poder existir. Mas sabe-se também que esse é um mundo para poucos, onde justamente o que se torna mais difícil, mais escasso é o modo de aquisição desse valor fundamental – tradicionalmente, para quem não tem outra coisa para trocar senão sua força de trabalho, seja ele qual for: o emprego.

Voltando a Deleuze e Guattari:

> Não existe significância independente das significações dominantes nem subjetivação independente de uma ordem estabelecida de sujeição. Ambas dependem da natureza e da transmissão das palavras de ordem em um campo social dado (1995: 17).

Pensemos na "palavra de ordem", a redundância entre a fala e o ato que ela implicitamente realiza. No agenciamento do consumo poderíamos dizer que é a promoção das operações de mercado o modo de existir no mundo. Ao observarmos a emergência e a circulação dos enunciados, é a consistência do agenciamento que vemos vir à tona: o campo social, as relações de mercado, o princípio de concorrência e individualismo, o imperativo de lucro. Essa consistência não se sobrepõe, mas é criativa, é um adensamento que produz o território e permite os agenciamentos, não em sucessão, mas tudo ao mesmo tempo.

Dessa forma, mesmo quando um comercial de cartão de crédito atribui preços a diversos produtos/serviços, para em seguida afirmar que certas coisas não têm preço, o que de fato está fazendo é homogeneizar, igualar, passar para a mesma consistência experiências totalmente díspares, pois que outra voz associaria o olhar de admiração de um filho à posse e uso de coisas adquiridas por meio de um cartão de crédito? E se mais tarde essa mesma fala sobre coisas que têm preço e experiências que não têm preço apareceu, sem menção ao cartão, num filme de grande público (*O quarteto fantástico*), não foi a fala que ganhou autonomia e se desprendeu do agenciamento, mas o filme que se anexou a ele. Ao ser atravessado por esse enunciado do marketing, o filme é percorrido de ponta a ponta pela razão do mercado. Ressoa dentro da fala dos personagens a lógica do preço e do lucro. Todo um modelo de vida que se afirma e propaga em forma de *programas* de todos os tipos. E não deixemos passar desapercebida a ambigüidade dessa palavra.

Resta-nos falar sobre uma última característica que Deleuze e Guattari (Idem: 24) destacam nas palavras de ordem: sua "potência de esquecimento". Porque elas emanam do agenciamento e são transmitidas no fluxo de discursos, porque são como "corpos estranhos" que nos constituem, tendemos, por um lado, a passá-las adiante imediatamente, e por outro lado a esquecermos daquilo que praticamos em seu nome, porque hoje em dia é assim mesmo, porque se não fizermos outros farão, porque não temos escolha, porque fomos, afinal, ordenados.

Referências bibliográficas

BAKHTIN, M. *Le Marxisme et la philosofie du langage*. Paris: Les Éditions de Minuit, 1977.

BARBARO, Michael. *Wal-Mart Enlists Bloggers in P.R. Campaign*. The New York Times (nytimes.com). March 7, 2006.

BARBER, B. R. Cultura McWorld. In: MORAES, D. (org.) *Por uma outra comunicação. Mídia, mundialização cultural e poder.* Rio de Janeiro: Record, 2003.

BURROWES, P. "Viagem ao território da publicidade". In: *Comunicação, Mídia e Consumo/* Escola Superior de propaganda e Marketing, v. 2, n. 5 (novembro de 2005) – São Paulo: ESPM, 2005.

CAIAFA, J. "Poéticas e poderes na comunicação." In: RUBIM, A.; BENTZ, I. e PINTO, M. (org.). *O olhar estético na comunicação*. Petrópolis: Vozes, 1999.

_____. *Nosso século XXI: notas sobre arte técnica e poderes*. Rio de Janeiro: Relume-Dumará, 2000.

CHAMPAGNE, P. "La loi des grands nombres. Mesure de l'audience et representation politique du public" In: *Actes de la Recherche em Siences Sociales*, 101/ 102, Paris: Éditions du Seuil, 1994.

CORRÊA, A. B. "Novelas no balcão." In: *Jornal do Brasil*: Caderno B, 5/ 08/2006.

DELEUZE, G. *Conversações*. Rio de Janeiro, Ed. 34, 1992.

DELEUZE, G; GUATTARI, F. *Mil Platôs. Capitalismo e Esquizofrenia*, vol. 2 Rio de Janeiro: Editora 34, 1995.

_____. *Mil Platôs. Capitalismo e Esquizofrenia*, vol. 4. São Paulo: Editora 34, 1997.

FONTENELLE, I.A. "Mídia, acesso e mercado da experiência." In: *Contracampo v. 10/11: Revista do Programa de Pós-Graduação em Comunicação*. Niterói: Instituto de Arte e Comunicação Social, 2004.

GUATTARI, F; ROLNIK, S. *Micropolítica. Cartografias do desejo*. Petrópolis: Vozes, 1986.

KLEIN, N. "Marcas globais e poder corporativo." In: MORAES, D. (org.) *Por uma outra comunicação. Mídia, mundialização cultural e poder*. Rio de Janeiro: Record, 2003.

NEFF, Jeff. *P & G provides product launchpad, a buzz network of moms*. AdAge.com *on-line* edition. March 20, 2006.

PEREIRA JÚNIOR, A. E. V. *Decidindo o que é notícia: os bastidores do telejornalismo*. Porto Alegre: EDIPUCRS, 2003.

SÁNCHEZ-JANKOWSKI, M. "Les gangs et la presse. La prodution d'un mythe national." In: *Actes de la Recherche en Sciences Sociales*, n. 101-102, Paris: Éditions du Seuil, 1994.

O "Olhar" do "Outro": a imprensa argentina narra o futebol brasileiro[41]

Ronaldo Helal[42]

Apresentação

O objetivo deste artigo é apresentar os resultados parciais do projeto "Futebol, Mídia e Nação: as narrativas sobre a seleção brasileira de futebol na imprensa argentina", que foi realizado na Universidade de Buenos Aires, com o apoio da Capes. Aqui relato minhas primeiras impressões de pesquisa e apresento análises da cobertura jornalística das partidas entre Brasil e Argentina que ocorreram em um espaço de 21 dias, em 2005 (uma pelas eliminatórias da Copa de 2006 e outra pela disputa do título da Copa das Confederações). Estas partidas não

---

[41] Uma versão deste trabalho foi apresentada no NP "Comunicação e Esporte" da Intercom 2006.
[42] Pós-doutor em Ciências Sociais pela *Universidad* de Buenos Aires; autor de "Jogo Bonito versus Fútbol Criollo: imprensa e olhar argentino sobre nosso futebol". In: Gastaldo, Édison e Guedes, Simoni (orgs.) *Nações em Campo: Copa do Mundo e Identidade Nacional*. São Paulo: Intertexto, 2006; co-autor de *A Invenção do País do Futebol: mídia, raça e idolatria*, Rio de Janeiro: Mauad, 2001, autor de *Passes e Impasses: futebol e cultura de massa no Brasil*, Petrópolis: Vozes, 1997, entre outros trabalhos relacionados ao tema comunicação e esporte.

estavam no projeto inicial, mas foram fundamentais para a compreensão do "olhar argentino" sobre "nós". Os jornais analisados nestas partidas foram *Clarín*, *Olé* e *La Nación*.

Primeiras impressões: "eles nos admiram"

Antes de vir para a Argentina, amigos me alertaram sobre a possibilidade de meus filhos — de 8 e 11 anos — sofrerem alguma discriminação na escola. A Argentina parecia ser vista por muito brasileiros como um país que não gosta de brasileiros. A acolhida de meus filhos em uma escola pública — as escolas públicas são boas e há várias, sem problemas de vagas — causou uma ótima impressão. Ao lado da escola está a escolinha de futebol do ex-jogador Marangoni, onde vemos crianças e adolescentes com camisas de times do Brasil e da seleção brasileira. Cena desconhecida dos brasileiros, de uma forma geral. Cheguei no verão e a quantidade de pessoas com sandálias havaianas com a bandeira do Brasil colada na parte da frente me surpreendeu, pois não conseguia imaginar brasileiros usando um traje de vestuário com a bandeira argentina. Música brasileira tocava em vários lugares e o livro *FIFA 100*, com a foto do Pelé na capa, estava na vitrine das livrarias da cidade, assim como DVDs de gols de Pelé e Ronaldinho.

Neste período de "descoberta" de como "o outro" nos vê, aconteceu o "caso Desábato". Foi assim que ficou conhecida a suposta agressão racista do zagueiro do Quilmes contra o atacante Grafite do São Paulo, em uma partida pela Copa Libertadores da América 2005, e a queixa de Grafite na polícia que resultou na prisão do jogador argentino. As matérias sobre o "caso de racismo" do jogador Desábato chegaram às primeiras páginas dos jornais argentinos e o tom era de indignação pelo exagero da punição. Havia fotos do jogador algemado e manchetes sob o título "Vergonha" (*Clarín*, 15 de março) e "Inferno no Brasil" (*Olé*, 15 de março). Comecei a pesquisar os jornais brasileiros na internet e não encontrei matéria que comprovasse a ação de racismo de Desábato a Grafite. Por meio de leitura labial concluíram que Desábato teria dito "negro de merda". Certamente, se isso ocorreu, houve racismo. Mas fiquei meio estarrecido pela falta de provas evidentes no caso e resolvi escrever um artigo para a seção *Opinião* do jornal *O Globo* relatando as minhas "primeiras impressões" em Buenos Aires e levantando a hipótese de que poderia ter havido um certo "antiargentinismo" por parte do Brasil. Ao mesmo tempo, fiz uma versão em espanhol e a enviei para o *Olé*. Por coincidência, ambos foram publicados no mesmo dia: 21 de abril.

A publicação do artigo gerou uma amizade proveitosa para a pesquisa com o jornalista do *Olé*, Walter Vargas, bem como uma discussão acadêmica com o meu interlocutor na *Universidad* de Buenos Aires, professor Pablo Alabarces. Apesar de discordar de meu artigo, Alabarces me disse uma frase que tem me feito pensar muito na relação Brasil-Argentina: "Os brasileiros amam odiar os argentinos, enquanto os argentinos odeiam amar os brasileiros"[43]. Ao mesmo tempo, Vargas me dizia que recebia uma quantidade expressiva de *emails* insultuosos de brasileiros em várias ocasiões. Tentei verificar se o mesmo ocorria com os jornalistas do jornal *Lance!*, mas os jornalistas com os quais eu mantive contato me disseram nunca ter recebido *emails* ofensivos de argentinos.

De tudo isso, o que tinha ficado na minha cabeça era uma "descoberta": nós "implicamos" mais com eles do que eles conosco. De fato, toda rivalidade traz em si uma dose de admiração e de inveja. Só rivalizamos com quem tenha algo que desejamos possuir ou superar. Rivaliza-se com quem é grande e temermos que seja maior do que nós. A *Ilíada*, de Homero, está repleta de passagens que retratam a admiração mútua entre gregos e troianos e entre os heróis Aquiles e Heitor. Mas, diferentemente dos conflitos que levam à aniquilação de um povo por outro, no esporte a rivalidade é intrínseca a sua natureza. Não se rivaliza para aniquilar o outro, pois dele uma equipe ou nação necessita para se singularizar. Por isso, dificilmente esta rivalidade adquire conseqüências mais graves.

---

[43] Na verdade, Alabarces me explicou depois que a frase tinha sido proferida por um amigo argentino que vive no Brasil, mas que ele estava de acordo com ela, tendo como base principalmente os quatro meses que passou na Unicamp, em 2003.

Mas se temos três mundiais a mais que os argentinos, por que escutamos locutores de televisão, torcedores, técnicos e jogadores da seleção dizer que "ganhar é muito bom, mas ganhar da Argentina é melhor ainda?" Não estaríamos, no fundo, falando de uma admiração enorme que temos pelo futebol argentino? Mas nossa admiração não aparece explicitamente nas matérias de jornal, nem mesmo quando as equipes argentinas vencem as brasileiras na Copa Libertadores da América, por exemplo. Ao contrário da rivalidade argentina com o nosso futebol, que consegue manifestar admiração em meio ao conflito, a nossa rivalidade esconde a admiração e só tornamos visíveis o ódio e o ressentimento.

"Jogo bonito" ou a Argentina "abrasileirada": Brasil e Argentina nas matérias do *Clarín*, *Olé* e *La Nación* entre os dias 6 e 10 de junho de 2005

Os dois confrontos entre as seleções do Brasil e da Argentina em um espaço de 21 dias durante o mês de junho de 2005 não estavam no plano de trabalho de meu projeto. A primeira partida até que poderia estar, já que se tratava de um jogo pelas eliminatórias da Copa do Mundo de 2006 e eu poderia ter consultado a tabela. Mas a segunda não poderia mesmo estar, pois ocorreu por força das circunstâncias esportivas durante a Copa das Confederações, realizada na Alemanha em 2005. De qualquer forma, foi de muita valia a coleta do material jornalístico durante os dois períodos, bem como a minha presença *in loco* em Buenos Aires nas duas ocasiões.

Por conta desses dois confrontos, começo a levantar uma hipótese que pode vir a responder a uma pergunta do projeto. Se para os articulistas argentinos a "essência" do futebol argentino está no "futebol *criollo*", não inglês, e seu mais notável emblema é o que se convencionou chamar de "gambeta", característica típica dos "*potreros*", para os articulistas brasileiros (principalmente o jornalista Mario Filho, com o "aval" do sociólogo Gilberto Freyre[44]), a "essência" do futebol brasileiro está no "drible", no "jogo de cintura", na "malandragem", características que não se aprendem em escolas, mas, sim, nos "campos de pelada", onde a principal figural é o negro, o mestiço, ou o "futebol não-branco." Ou seja, os argentinos "construíram" uma imagem de futebol nacional muito semelhante à dos brasileiros. O que eles fazem então quando olham para "nós"? Identificam-se conosco ou constroem um outro sentido de "argentinidade" que não estaria baseado no "criollismo"? Não é uma pergunta fácil de ser respondida peremptoriamente. Na análise sobre o Mundial de 1970, verifiquei uma identificação com o futebol brasileiro, que estaria representando, em última instância, a "escola sul-americana". No entanto, nestes confrontos recentes, ocorridos em 2005, o que observamos é que, ao se deparar com o futebol brasileiro, o argentino "muda sua identidade" e traz para si um elemento mais "europeizado" que seria a "força". Não que este atributo não exista na Argentina, mas ele costuma ser mais secundarizado nos confrontos com os europeus, priorizando aqui o futebol *"criollo"*, baseado, em última instância, na "gambeta". Nestas partidas contra o Brasil, tornou-se evidente a crença difundida aqui de que os brasileiros são os donos do "jogo bonito", assim mesmo em português. Ou seja, a identidade do futebol argentino mais atrelada ao "futebol-arte" se modifica diante do Brasil[45], visto como emblema do "jogo bonito".

---

[44] Um dos jornalistas que mais influenciaram a "construção" simbólica do "estilo argentino" de jogar futebol foi Eduardo Lorenzo, conhecido como Borocotó. A gambeta pode ser definida como o drible com jogo de cintura, com "malandragem". Aqui se usa a expressão *"viveza criolla"*. Já *"potrero"* teria seu similar no Brasil nos "campos de várzea". Ver Alabarces (2002) e Archetti (2003). Gilberto Freyre assina o prefácio do livro *O Negro no Futebol Brasileiro,* de Mario Filho, o que conferiu ao livro, no olhar de muitos, um estatuto quase "acadêmico". A este respeito, ver a crítica de Soares in Helal, Soares e Lovisolo (2001).
[45] Estamos partindo da identidade "construída" pelos argentinos de seu futebol, tendo como base as análises de Archetti (2003) e Alabarces (2002). Ver também Guedes (2002) para uma análise sobre estas "construções" nos dois países. Guedes aponta que "nossas diferenças" situam-se nos elementos étnicos que compuseram a história de Brasil e Argentina: "de um lado italianos, espanhóis e gaúchos, de outro índios, negros e brancos". É uma hipótese que deve ser levada em consideração, mas necessitamos de mais pesquisas para comprová-la.

Umas palavras, antes de iniciar a análise do material jornalístico sobre a partida Brasil-Argentina pelas eliminatórias 2006. Assisti ao jogo entre Brasil e Paraguai, vencido pelo Brasil por 4 a 1, em um canal de televisão argentino. Anotei algumas passagens da locução que considero reveladoras do "olhar" argentino sobre o futebol brasileiro: a) *"Ellos juegan divirtiéndose"* (quando a partida estava 2 a 0), b) *"Ahora para los amantes del buen fútbol: todo el lujo del fútbol brasileño"* (após o terceiro gol da seleção brasileira) e c) *"La magia y la fantasía del jugador brasileño"* (após um drible de Kaká). As três frases foram proferidas em tom emocionado. No entanto, o comentarista afirmou que os dois primeiros gols do Brasil foram resultados de pênaltis inexistentes (o locutor discordava abertamente do comentarista), apesar de deixar claro que a seleção venceria de qualquer modo. A "expectativa" do locutor em ver o Brasil "jogar bonito" era notória. No material coletado (mas ainda não analisado) sobre as Copas de 1994 e 1998, tive a sensação de que se esperava ver o Brasil "jogar bonito" e criticava-se sempre que isso não ocorria. Dito isso, passemos para a análise dos jornais.

Iniciemos pelo *Olé*, jornal que surge em 1996, editado pelo grupo *Clarín*, e que desde seu surgimento se torna muito popular, ocupando o espaço da revista *El Gráfico*. Notemos que a linha editorial do jornal é altamente provocativa. Em relação ao Brasil, o jornal mantém um "diálogo" constante com o jornal brasileiro *Lance!* (que surge depois do *Olé*). Freqüentemente, jornalistas do *Lance!* escrevem artigos no *Olé* e o jornal costuma publicar as provocações do *Lance!*. Durante a Copa do Mundo de 1998 os dois – *Olé* e *Lance!* – fizeram edições conjuntas, em espanhol e em português, para os argentinos e brasileiros que se encontravam na França, sede daquela Copa.

No dia 6 de junho, logo após a vitória sobre o Paraguai, *Olé* colocava no canto da primeira página: *"No lo mires fijo que te cobran penal"*, com o texto dizendo que *"con fallos polémicos, Brasil se puso 2-0. Y después, baile y floreo"*. *Olé* tenta consolidar a crença de que as arbitragens favorecem o Brasil. Porém, ao lado aparece uma foto de Simeone, ex-jogador da seleção argentina e que estava promovendo a partida no país, com a seguinte frase: *"Brasil saca cracks y Argentina, grandes jugadores*". Esta frase de Simeone será repetida diversas vezes, principalmente quando a seleção brasileira vence a Copa das Confederações. Na página 6 do jornal, temos um artigo de Oscar Ruggeri falando do "talento" do Brasil, mas ao mesmo tempo enfatizando: *"pero ojo que el del miércoles es un clásico. Tienen que jugar nada menos que contra Argentina y en Buenos Aires. E históricamente, a ellos siempre se les complica cuando tienen que venir a jugar acá"*. Esta foi uma crença muito difundida neste período: a de que a seleção brasileira "treme" quando joga contra a Argentina, principalmente quando a partida é no Monumental de Nuñes (estádio do River Plate).

Na matéria sobre a vitória sobre o Paraguai, o título diz: *"Vienen Sambando"*. O texto volta a enfatizar que os pênaltis não existiram, mas deixa claro que o Brasil não precisava deles para vencer. A crença de que o Brasil se "apequena" aqui é corroborada pelo jornalista Ricardo Gotta: *"El miércoles será otra historia. La Selección. En Buenos Aires. El clásico. Las camisetas. Los antecedentes"* (*Olé*, 6 de junho de 2005).

Já o *La Nación* do mesmo dia coloca em um canto do lado de cima de sua primeira página, evidenciando o valor dado à partida: *"Ya llegó el dream team"* e na seção esportiva temos uma foto do atacante argentino Crespo dizendo que *"Brasil es el dream team"*. O mais interessante desta edição foi o artigo de Juan Pablo Varsky que está na última página da seção esportiva. O título do artigo é *"Ronaldinho, el artista alegre"* (com foto de Ronaldinho rindo). O texto diz em alguns momentos: *"Ronaldinho ama al fútbol. Lo disfruta, **se divierte, transmite alegría. Hasta sus adversarios lo entienden. Aún cuando son humillados por algún truco de su mágico repertorio***" (grifos meus). Ele termina o artigo dizendo que *"Ronaldinho Gaucho es simplesmente irresistible. Por eso, también **nosotros estamos contando las horas para verlo jugar 90 minutos**"* (grifos meus).

Temos aqui os estereótipos das "essencializações" que os próprios brasileiros fazem de si: "alegria", "magia" e "arte". Mais interessante ainda é ler que os argentinos estão contando as horas para ver Ronaldinho Gaúcho por 90 minutos. É uma declaração de admiração explícita que, junto com outras matérias, parece estar corroborando a frase de que os argentinos "odeiam amar os brasileiros".

No dia 7 de junho, o *Olé* traz uma entrevista com Caniggia para falar sobre a vitória da seleção argentina sobre a brasileira, por 1 a 0, na Copa de 1990. Rememorar esta vitória "engrandece" a Argentina diante de um rival que vem *"agrandado"*, conforme eles escreviam, e vai criando um "clima de igualdade" para o clássico.

O *Clarín* do mesmo dia, por exemplo, coloca como matéria mais importante para o jogo: *"La Selección tiene su R"*. E aí publica uma entrevista com Riquelme dizendo que "a seleção argentina é a melhor do mundo", discordando frontalmente de Simeone e outros.

La Nación do dia 7 de junho publica na seção de esportes a matéria com o título: *"Difícil, pero no imposible"*. E o texto inicia assim:

> *El **espíritu colectivo** de la Argentina y la distribución de los volantes de la Argentina serán vitales para superar **el brillo individual** de los brasileños. (...) **Respeto, admiración, atención**..., es lógico. Pero ¿sumisión y temor también? Algunas voces asumen su inferioridad con relación al penta campeón mundial. Puede ser un juego dialéctico para trasladar de vereda la presión, o **sinceras confesiones*** (La Nación, 7 de junho de 2002. Grifos meus)

Fica evidente no texto acima o acionamento de atributos "menos criollistas" para poder vencer os que têm *"brillo individual"*.

Em 8 de junho, dia do confronto, os três jornais traziam na capa a foto de Maradona abraçado a Ronaldinho Gaúcho. O *Clarín* colocou na legenda da foto: *"El más grande y su discípulo"*. Dentro a matéria diz: *"El abrazo del fútbol: lo de lunes fue un auténtico abrazo de fútbol entre **el jugador más extraordinario** que dio la historia, Diego Maradona, y su **posible heredero**, Ronaldinho"* (*Clarín*, 8 de junho de 2005. Grifos meus). Já o *Olé* legendou a foto da seguinte maneira: *"El mejor de la historia con el mejor de hoy. Jogo bonito"* (*Olé*, 8 de junho de 2005). Observemos aí a expressão "jogo bonito", em português, como é freqüentemente escrita aqui ao referir-se ao Brasil. A imagem de Maradona abraçado a Ronaldinho é um recurso de acionamento da memória de um passado recente em que o mito da "gambeta" e do "futebol *criollo*" estavam em evidência na Argentina. Isto demonstra a tensão entre a "construção" do futebol argentino com elementos semelhantes aos da "construção" do futebol brasileiro e os atributos "europeizados" acionados no confronto com o Brasil.

Após a vitória da Argentina por 3 a 1, os três jornais publicaram matérias com fotos em suas primeiras páginas. No *Clarín*, temos quase toda a capa ocupada por uma foto de Crespo e Riquelme e o título: *"Argentina Gozó con Brasil y va al Mundial"*. Na seção de esporte temos, entre outros títulos semelhantes, que *"el **brillo propio** de la selección apagó a las **estrellas de Brasil**"* (*Clarín*, 8 de junho de 2005. Grifos meus.) E o colunista Hector Cardoso termina assim seu artigo: *"Por eso la **alegría** esta vez fue sólo Argentina"*(*Clarín*, 8 de junho de 2005. Grifos meus). Existe uma música na Argentina que diz que *"la alegría no es sólo brasileira"*. O autor é Charly Garcia e a canção se chama *"Yo no quiero volverme tan loco"*. O mito da "alegria brasileira" é, de fato, muito difundido na Argentina e torna-se mais evidente nas análises sobre o futebol brasileiro.

En *La Nación*, a coluna de Daniel Arcucci sob o título *"Un Partido para cambiar la historia"* diz o seguinte:

> *Seguramente la foto que mejor vendió el partido fue aquella en la que aparecía Ronaldinho con...Maradona. Nada resultaba más preciso para definir al partido antes del partido: hoy por hoy, **la Argentina debía recurrir a la historia – y a la más rica – para oponerse a los Ronaldinho** (...) Hoy la Argentina debe recurrir más que nunca **al conjunto para oponerse a las individualidades*** (*La nación*, 9 de junho de 2005. Grifos meus).

Mais uma vez temos uma narrativa que explicita a tensão entre "jogo bonito" baseado nas "individualidades" e o futebol mais "coletivo". Observemos que esta tensão também aparece no Brasil em termos do que se convencionou chamar de "futebol-arte" e "futebol de resultados". Ela apareceu com mais intensidade principalmente após a derrota da seleção de 1982 e a vitória da seleção de 1994. Porém, creio que a tensão, da forma como está colocada neste contexto nos jornais argentinos, tende pela admiração ao "jogo bonito", que seria uma "marca registrada" do futebol brasileiro, apesar de estar presente também na "construção" do futebol argentino. Porém, as narrativas indicam que a seleção argentina consegue derrotar o "jogo bonito", agregando um atributo mais "europeizado" na "construção" de seu futebol: o jogo coletivo.

Já o *Olé*, entre várias ironias (como, por exemplo, referências a que tipo de água a seleção brasileira teria bebido, já que antes da partida ocorreram rumores de que a seleção brasileira iria trazer sua própria água para a Argentina, uma alusão à "água com sonífero" que o ex-jogador Branco teria tomado na partida contra a Argentina na Copa de 1990), temos a coluna de Farinella dizendo o seguinte: "*Parece una cosa de locos, pero la diferencia de jerarquía individual se invirtió:* **los cracks no eran ellos, eran los nuestros**. *Para no exagerar, porque después en el Mundial* **los negritos se despiertan**, *digamos que* **anoche los cracks fueron los nuestros**" (*Olé*, 9 de junho de 2005. Grifos meus). Apesar dos estereótipos e do preconceito ("*negritos*"), Farinella também evidencia a tensão mencionada acima, só que dizendo que "eles" foram "nós", que o "jogo bonito" foi o dos argentinos.

O material mais emblemático e expressivo deste período foi publicado nas páginas 20 e 21 do *Olé* do dia 10 de junho: uma foto da seleção argentina, com os 11 jogadores que jogaram aquela partida. Só que a foto está "maquiada". Todos os jogadores estão escurecidos e com os lábios grossos, como se fossem negros. Embaixo da foto, no canto direito, está escrito em português: "Jogo Bonito". O que quer dizer esta foto? Preconceito ou estereótipo? Notemos que, de fato, naquela seleção brasileira só Kaká era branco. Por isso, aposto mais na idéia de estereótipo. Era como se a foto estivesse dizendo tudo aquilo que

Farinella e outros estavam colocando. Algo como nesta partida "nós" fomos "vocês", "nós" fomos "brasileiros". Ou: "nós" também sabemos "jogar bonito", mas, para isso, precisamos nos "abrasileirar". Estamos diante da expressão de preconceito racial ou diante da admissão da lendária proeza esportiva do "outro", no caso, o "brasileiro", ou melhor, o "negro brasileiro"? A imagem mobiliza emoções dúbias: desprezo pela superioridade esportiva e racial que não era tanto (pelo menos neste dia) ou uma forma de ostentar um dos traços do "outro": sua raça, sua estirpe negra de campeões históricos? São questões importantes a serem pensadas[46]. Pesquisei na internet e encontrei que foi uma equipe publicitária que elaborou a foto. E lá eles diziam que a "peça publicitária" foi criada com picardia e respeito. Era um "deboche respeitoso" ou, como coloquei no título desta parte, era a argentina "abrasileirada".

Esta tensão entre "futebol *criollo*", "jogo bonito" e "garra" vai continuar, apesar de um tom diferente, no confronto seguinte.

"Jogo bonito" ou o "Brasil brasileiro": Brasil e Argentina nas matérias do *Clarín*, *Olé* e *La Nación* entre os dias 28 e 30 de junho de 2005

Brasil e Argentina se classificaram para a final da Copa das Confederações realizada na Alemanha em 2005. Assim, 21 dias depois da partida realizada em Buenos Aires, teríamos outro "duelo". Ao mesmo tempo ocorreria também um confronto entre as equipes sub-20 pelas semifinais e um outro entre São Paulo e River Plate pela Copa Libertadores da América. Este fato – três confrontos – foi muito divulgado na imprensa argentina. Por conta da vitória nas eliminatórias, as matérias antes da partida estavam carregadas de um tom mais otimista do que as matérias antes do confronto do dia 8 de junho. O elemento "europeu" foi menos acionado aqui do que antes daquela partida.

---

[46] Sou grato a Fernando Andacht pelas observações a respeito desta foto.

O *Olé* do dia 28 de junho coloca na sua capa um boneco de Pelé (o rosto é uma foto de Pelé) todo espetado, como se fosse um vudu. O título da capa era *"Que Gane El Mejor"* e o texto dizia: *"Hoy debutamos con los pibes y mañana vs. los hijos mayores. Argentina-Brasil, el mayor duelo del fútbol mundial, dos días en continuado a pura final. Vamos muchachos, no nos pinchen la ilusión"*. Dentro do jornal o colunista Tomás Sanz escrevia:

> *También mañana juegan River-San Pablo, que no son selecciones pero que inevitablemente remiten al clima de clásico – **el mejor del mundo** – entre la blanca y celeste y la verde y amarilla. **El choque con Uruguay, una lástima, ha dejado de tener esas características**. Así que el 'tour dos días de Argentina-Brasil, visita guiada', convoca más que nunca. En fin, una mitad de semana movidita. Como para no perdérsela* (*Olé*, 28 de junho de 2005. Grifos meus).

Nitidamente, o texto deixa claro o tom de igualdade. Já Roberto Perfumo corrobora a idéia da "força argentina" nos confrontos com o Brasil, do "suposto medo" dos brasileiros nestes confrontos, mas estendendo esta "crença" para toda a Europa: *"Hay respeto por la celeste y blanca"* – *"La selección mayor y el sub 20 consolidan en Europa la imagen de un fútbol que mete miedo"*.

En *La Nación* do mesmo dia, o colunista articulista Daniel Arcucci escreve:

> *Hoy por hoy, nada vende mejor al fútbol en el mundo que un clásico entre la Argentina y Brasil. Y la sucesión de dos de ellos, en diferentes categorías, en distintos países de Europa, permite jugar con la imagen fantástica de un mega espectáculo itinerante (…) La verdad es que no hay en el planeta fútbol un clásico que se pueda comparar con éste: siete títulos mundiales sobre el campo de juego, una rivalidad histórica marcada por la cercanía geográfica y por **el duelo de estilos, los nombres de los dos más grandes jugadores de la historia***

como reyes y muchos príncipes de cada lado disputando la herencia (*La Nación*, 28 de junho. Grifos meus).

Aqui, o texto fala de um duelo de estilos, sem especificar que estilos são estes, mas se refere a Pelé e Maradona como os maiores da história. Mas o que importa notar é que estas matérias, ao contrário das matérias antes do confronto pelas eliminatórias, apresentam uma narrativa de igualdade entre as duas seleções.

No dia 29 de junho, após a vitória argentina sobre o Brasil na Sub-20, *Olé* traz na capa uma foto de Lionel Messi (jogador e maior "revelação" da seleção argentina naquele campeonato) com o título: "O Rei: Messi es el Diego del sub 20...", só que ao lado da letra "o" aparece o boneco-vudu de Pelé. Atentemos também para o título em português: "O Rei". Dentro temos uma matéria com a foto de Adriano na frente de um pôster escrito "Argentina". A legenda da foto diz: "*Adriano, fíjate que el cartel de atrás mete miedo*". Mais uma vez, a crença de que a seleção brasileira teme a da argentina. E ainda temos uma matéria com o título "*¿Y vos de qué te reís? Los brasileños armaron una scola de samba en la práctica. A ver si se les borra la sonrisa*". Em cima da página o boneco-vudu de Pelé. Interessante notar também a tentativa de escrever escola em português, já que em espanhol se escreve "escuela". O enviado especial Marcelo Sottile parece incomodado com o que ele qualifica de "alegria brasileira", ao contrário das matérias antes da partida do dia 8 de junho, que enalteciam a "alegria", e termina sua reportagem assim: "*los brasileños, ya derrotados hace 21 días en el Monumental, para preguntarles de qué se ríen...*".

Já Daniel Cordóba escreve que depois de muito tempo a Argentina

*enfrentará a Brasil **a la brasileña o a la argentina**, siendo ésta una de las tantas formas que puede encarar compromisos internacionales. **Brasil siempre es Brasil, con cualquier DT**. Argentina varió su identidad cada vez que asumió un técnico. Y la elegida en este caso **se asemeja muchísimo a la brasileña*** (*Olé*, 29 de junho de 2005. Grifos meus).

Aqui temos a corroboração de uma crença, que aparece muitas vezes no noticiário argentino, de que a seleção brasileira nunca abandonou seu estilo de jogo. Mas temos também uma narrativa mais otimista que diz, em tom elogioso, que esta seleção argentina se parece muito com a brasileira.

Após a derrota por 4 a 1 e a conquista do Brasil na Copa das Confederações, o *Clarín* e o *La Nación* colocaram fotos dos jogadores argentinos de cabeça baixa, recebendo a medalha de vice-campeões, na primeira página de suas edições. O *La Nación* colocou o seguinte título para a foto: "*La alegría fue sólo brasileña*". E o texto dizia: "*El fútbol argentino vivió un día de desilusión ante el poderío que mostró su vecino brasileño (…) Brasil goleó a la Argentina por 4 a 1 con un juego de alto vuelo y contundencia*" (*La Nación*, 30 de junho de 2005). Na seção de esporte com a capa trazendo uma foto de Aimar com Riquelme no chão e o título "*Por demolición*" temos um texto que diz: "*Brasil demostró por qué es **el mejor del mundo**, vapuleó a la Argentina por 4-1 con un fútbol **técnico y contundente** …*" (*La Nación*, 30 de junho de 2005. Grifos meus). O enviado especial Daniel Arcucci escreve:

> *La imagen era la misma, repetida tantas veces en los últimos años que ya invita al peligroso acostumbramiento. **Brasil levantando una Copa por allá, Argentina lamentándose por acá. Los cracks con camiseta verdeamarelha, los buenos jugadores con camiseta argentina. Las finales de ellos, los partidos nuestros*** (*La Nación*, 30 de junho de 2005. Grifos meus).

A frase de Simeone antes da primeira partida é destacada em várias matérias. Ainda na mesma reportagem, Arcucci aponta "*Los diez golpes que llevaron al knock-out*". Vale a pena citar as razões número 9 e 10. A razão 9 dizia o seguinte: "*Porque se provocó al monstruo. Durante toda esta Copa de las Confederaciones, Brasil trabajó sobre los errores en el Monumental…*". E a razão 10 remete à frase de Simeone: "*Finalmente, porque la máxima de Simeone, tiene más vigencia que nunca: Brasil tiene cracks. La Argentina buenos jugadores.*"

O *Clarín*, com foto semelhante à do *La Nación*, colocou no título da primeira página: "*La derrota que más duele*". E na seção esportiva fizeram um trocadilho com a palavra *miércoles* (quarta-feira): "*Día de Miércoles*". Uma referência às duas derrotas: a da seleção e a do River Plate para São Paulo. Um artigo de Miguel Vicente termina assim:

> *La selección se llenó de entusiasmo porque enfrente estaba el rival que había vapuleado poco tiempo atrás y ante quien había festejado la clasificación para Alemania 2006. Pero quedó claro que el potencial de Brasil* **es de otra categoría** *que supera ampliamente el buen material que pueda tener Argentina* (*Clarín*, 30 de junho de 2005. Os grifos são do próprio jornal).

E o jornalista Miguel Bossio escreve:

> *Aquí, en la Manhattan Alemana, quedó comprobada una vez más la máxima que anda dando vueltas desde hace tiempo en el mundo futbolero: que Argentina cuenta con muchos buenos jugadores, sí pero que Brasil es el único que tiene los cracks* (*Clarín*, 30 de junho de 2005).

Ou seja, a frase de Simeone ganha uma dimensão expressiva após a derrota e corrobora a crença do "jogo bonito" como marca registrada do Brasil. De forma ainda mais emblemática, o texto desta matéria termina assim:

> (…) *comenzaron a escucharse tambores. Y ruidos. Era todo el plantel de Brasil que, tras las duchas y al ritmo de pagode que tanto le gusta a Ronaldinho, hicieron un trencito y recorrieron el serpenteado camino de la zona mixta* **cantando alegremente**. *No hablaron con la prensa, pero a nadie le importó:* **dieron una lección de alegría difícil de imitar. Muy difícil...** (*Clarín*, 30 de junho de 2005. Grifos meus).

O tema da alegria e toda a sua dimensão mítica. A narrativa parece se ressentir do "suposto fato" de a Argentina não ter esta "alegria". Interessante observar também que na seção de cultura do jornal, neste mesmo dia, havia uma charge com os mapas do Brasil e da Argentina, com a seguinte legenda: "*¡Una transfusión de alegría, por favooor!*"

Já o *Olé* publicou uma de suas capas mais famosas. Vários jornais brasileiros noticiaram o fato e, segundo o próprio *Olé*, jornais de todo o mundo. Na capa só havia o seguinte texto em um fundo amarelo: "*ERROR: 30-06-2005. Por razones técnicas no se pudo imprimir esta tapa. Disculpen, hasta mañana*" (*Olé*, 30 de junho de 2005). Dentro do jornal, a coluna de Walter Vargas tinha como título: "*A soñar, sin olvidar que son mejores*" e dizia que "*ellos tienen cinco o seis jugadores extraordinarios y muchos muy buenos, que cuánto más los exigen mejor rinden*". Em um tom ainda mais elogioso, a reportagem de Marcelo Sottile (o mesmo que parecia incomodado com a "alegria" brasileira antes da partida) tinha como título: "*Felicitaciones: por un rato dan ganas de aplaudir a Brasil*". E o texto começa advertindo ao argentino fanático para não ler a nota, pois "*por un día, o por un rato dan ganas de aplaudir a Brasil con **más envidia que odio por el talento ajeno**"* (*Olé*, 30 de junho de 2002. Grifos meus). O jornalista fala de "batucada" e diz que:

> *Así se muestran. Bailando con sus mejores sonrisas, cantando ante ojos extraños **como un grupo que se divierte** sin que los rivales le saquen la pelota. Porque son así, **son profesionales del juego bonito**, Y en la cancha suelen mostrar los dientes (...) Como supo decir Simeone: Brasil tiene varios cracks. La Selección grandes jugadores. Entonces, cuando ellos se encienden el mismo día ya a la misma hora – como esta vez, Adriano, Ronaldinho y Kaká -, no se los detiene ni con orden de captura internacional (....) A decirlo de una vez: **felicitaciones. Igual. Maradona es argentino. Y fue mejor que Pelé...*** (*Olé*, 30 de junho de 2005).

A narrativa enfatiza a admiração pelo futebol brasileiro, com todos os estereótipos "construídos" de "alegria" e "diversão". Desta vez, "jogo bonito" aparece em espanhol: "*juego bonito*". Foi a primeira vez que vi assim. Creio não ter nenhum significado especial. Porém, ressaltemos que no final, logo após os "parabéns", vem como um efeito consolador a frase que "Maradona é argentino e foi melhor que Pelé". Ou seja, se no "olhar" argentino a marca do futebol brasileiro é o "jogo bonito" – que talvez seja o ideal do "futebol *criollo*" –, o jogador que mais soube jogar desta forma é, nesta narrativa, argentino. A referência a Maradona nos dois confrontos contra o Brasil em 2005 é emblemática. Pois se nestas partidas a Argentina buscou atributos considerados mais "europeus" – futebol coletivo, marcação e força –, a figura de Maradona seria o contraponto destes atributos, remetendo o leitor à "construção" inicial do futebol argentino.

Considerações finais

Freqüentemente tendemos a olhar o "outro" de forma "homogênea". E, neste processo, os recursos acionados são invariavelmente os estereótipos. As relações entre brasileiros e argentinos não poderiam ficar imunes a este processo de homogeneização com o uso de estereótipos para "olhar" o "outro", principalmente em um terreno onde as rivalidades se acirram. Na análise do material coletado ficou evidente a estereotipização no "olhar" argentino sobre o futebol brasileiro. Características como "alegria", "diversão", "habilidade" e "individualismo" são vistas como marcas intrínsecas do jogador ou do futebol brasileiro. E todas elas juntas formam o que se denominou chamar no país de "jogo bonito". O conjunto dessas narrativas parece enfatizar mais admiração que "ódio". Porém, o mais interessante aqui é que o futebol argentino foi "construído" tendo como base o "criollismo", com atributos como "gambeta" e "futebol-arte" em oposição a "rigidez de esquemas táticos", entendida como "futebol-força", em que o principal antagonista seria o inglês, de forma particular, e o europeu, de forma geral. O que fazem então os argentinos quando "olham" para seu vizinho que "construiu" seu futebol em bases semelhantes? Pela análise do material da Copa do Mundo de 1970, o "olhar" marcava uma identificação com o Brasil, que representava então a "escola sul-americana".

O fato de a Argentina não ter participado daquela época pode ter sido uma das razões para o acionamento desta identificação, como uma forma de "construir" o pertencimento. Ainda assim, considero o fato relevante. Mas pelas análises dos confrontos de 2005, percebemos uma "mudança" na identidade argentina. Um elemento geralmente mais secundarizado vem à tona, ao primeiro plano: a "força", o futebol coletivo, que seriam, nas "construções" do passado, típicas do futebol inglês, ou europeu. Seja na identificação ou na marcação de uma "outra singularidade" argentina (mais européia), a admiração pelo futebol brasileiro é notória e explícita em várias matérias analisadas.

Ressaltemos que Gustavo Ribeiro (2002) pensa que, apesar do "gauchismo" e "criollismo", é a Europa o "grande e subjacente referencial distintivo da argentinidade". Em termos do "olhar" hegemônico do "outro" para a Argentina, Buenos Aires é a cidade referência e, por conseguinte, o argentino é visto como o "portenho". Falando especificamente de futebol, creio que há uma tensão entre os referenciais "criollistas" e "europeístas", mas com um forte predomínio dos primeiros. A revista *Viva*, do *Clarín*, do dia 31 de julho de 2005 publica uma matéria sobre estrangeiros que vêm para Buenos Aires para filmar ou "fazer negócios" e sobre argentinos que são contratados por empresas de outros países depois da crise de 2001. Em um momento a matéria destaca a frase de um cineasta italiano: *"Nunca antes, en ningún país, había encontrado semejante adaptabilidad al trabajo y a las circunstancias imprevistas que suelen surgir en los sets de filmación. Aquí, ningún problema tarda más de cuatro o cinco minutos en superarse; siempre hay predisposición, ingenio y mucha **maña**, como dicen por acá*" (grifos da matéria). Nesta passagem temos um estereótipo mais próximo do "jeitinho brasileiro" ou do *"ethos criollista"*. Em outro momento, a matéria coloca no alto da página a seguinte epígrafe, retirada da fala de um dos entrevistados: *"La garra, el ingenio, y el compromiso con el trabajo son valoradas por los extranjeros que nos contratan"*. Já aqui temos a junção de estereótipos "criollistas" (*ingenio*) com outro mais "europeísta" (*la garra y el compromiso con el trabajo*) como sendo a marca da "argentinidade".

A narrativa da matéria deixa transparecer uma tensão existente entre os dois referenciais, mesmo em Buenos Aires.

Finalmente, gostaria de refletir sobre um ponto. Nas análises do material coletado mostramos que, mesmo no *Olé* – jornal que tradicionalmente "implica" com o Brasil –, evidenciam-se sentimentos ambíguos de admiração, inveja, repulsa, amor e ódio (ou "ódio de amar"). Como mencionei no início do artigo, estou convencido de que nossa implicância com os argentinos é maior e de outra natureza – predomínio de sentimentos de repulsa e ódio (ou "amor de odiar"). Por que reagimos assim? Pode ser que necessitemos mais "deles" para marcar nossa alteridade do que "eles" de "nós". Esta é uma hipótese plausível que, no entanto, merece uma pesquisa mais detalhada.

Referências bibliográficas

ALABARCES, Pablo. *Fútbol y Pátria: el fútbol y las narrativas de la nación en la Argentina*. Buenos Aires: Prometeo Libros, 2002.

ARCHETTI, Eduardo. *Masculinidades: fútbol, tango y pólo en La Argentina*. Buenos Aires: Editorial Antropofagia, 2003.

FRIGERIO, Alejandro. "A Alegria é Somente Brasileira: a exotização dos migrantes brasileiros em Buenos Aires". In: Frigerio, Alejandro e Riberio, Gustavo Lins (orgs.) *Argentinos e Brasileiros: encontros, imagens e estereótipos*. Petrópolis: Vozes, 2002.

GUEDES, Simoni. "De Criollos e Capoeiras: notas sobre futebol e identidade nacional na Argentina e no Brasil" Caxambu: ANPOCS, 2002 (CD-ROM).

HELAL, Ronaldo. "Los Porteños nos admiran." Buenos Aires, *Olé*, 21 de abril de 2005.

_____. "Exagero na Punição". Rio de Janeiro, *O Globo*, 21 de abril de 2005.

HELAL, Ronaldo; SOARES, Antonio y LOVISOLO, Hugo. *A Invenção do País do Futebol: mídia, raça e idolatria*. Rio de Janeiro: Mauad, 2001.

RIBEIRO, Gustavo Lins. "Tropicalismo e Europeísmo: modos de representar o Brasil e Argentina". In: Frigerio, Alejandro e Riberio, Gustavo Lins (orgs.) *Argentinos e Brasileiros: encontros, imagens e estereótipos*. Petrópolis: Vozes, 2002.

SOARES, Antonio; LOVISOLO, Hugo. "Futebol: a construção histórica do estilo nacional". *Revista Brasileira de Ciencias do Esporte*, volume 25, número 1, Campinas: Editora Autores Associados, 2003.

RPG *pop*:
o jogo de simulação no *reality show*

Maria Inês Accioly[47]

Introdução

O *reality show* vem se consolidando nos últimos anos como um gênero imbatível da programação televisiva, atingindo índices de audiência cada vez maiores. Alguns fatores que explicam esse sucesso são o alto grau de interatividade do público com a produção desses programas e a identificação que se estabelece entre espectadores e participantes. A potencial celebridade a ser consagrada no final de cada edição de um *Big Brother* pode, a rigor, ser qualquer um de nós.

Assistimos, assim, a um embaralhamento de fronteiras tradicionalmente estabelecidas. O espectador de *reality show* torna-se um co-produtor, seja inscrevendo-se como candidato no processo de seleção, seja participando regularmente das votações que decidirão o rumo do programa. E mesmo não aspirando a uma vaga de "ator", ele é seduzido pela perspectiva de que "alguém como eu" possa alcançar a fama fazendo o papel de si mesmo.

---

[47] Doutoranda da ECO/UFRJ; mestre em Comunicação e Cultura (UFRJ), com dissertação intitulada "*Ghost Writer* – O Autor à Sombra"; jornalista e consultora em comunicação corporativa. E-mail: accioly@centroin.com.br

Dualismos como consumidor-produtor e ator-personagem deixam de fazer sentido na paisagem midiática do *reality show*. Poderíamos acrescentar, como desdobramento, um terceiro: realidade-ficção. Em programas de convivência como o *Big Brother*, que apresentam a autenticidade como valor supremo, este último dualismo parece ainda se sustentar, mas quando consideramos que se espera do participante a habilidade de produzir "acontecimentos" – no mínimo, um romance – é forçoso reconhecer que se trata de uma autenticidade temperada pela ficção. O participante de *Big Brother* deve ser a um só tempo "natural" e atuar de forma estratégica, eficaz, caso contrário não terá sucesso.

Esse caráter híbrido, essa intrigante mistura de posições subjetivas usualmente tidas como opostas nos sugerem a pertinência de uma análise do *reality show* sob a perspectiva da simulação. Mas o que é uma simulação? Uma farsa? Um ensaio? No presente artigo buscamos uma definição capaz de superar ambigüidades que cercam esse conceito para, em seguida, explorar possíveis afinidades da simulação com o fenômeno do *reality show* e com a forma de poder que, segundo Deleuze (1992), caracteriza a sociedade contemporânea: o controle.

Um conceito paradoxal

Antes do advento das tecnologias informacionais, o senso comum definia simulação como farsa, fingimento. Esta acepção vem do conceito platônico de simulacro, cunhado para designar artifícios que iludem a percepção por meio de efeitos sensoriais – por exemplo, imagens cujas medidas e proporções eram alteradas em relação aos respectivos modelos para criar uma impressão de realidade. Os simulacros, segundo Platão, eram falsos pretendentes ao universo do belo e do bem.

A popularização de tecnologias computacionais dedicadas à aprendizagem, entretenimento e controle fez emergir na cultura ocidental um outro sentido de simulação, este positivo: ensaio com modelos. Tal acepção remonta à ciência de Galileu, quando a simulação foi erigida como o método sintético por excelência de investigação dos fenômenos da natureza, mas permaneceu durante séculos restrita aos laboratórios e campos de provas. Com o advento da microcomputação digital e da interface gráfica, os modelos matemáticos de simulação atravessaram as fronteiras da ciência, ganharam aplicação em jogos e dispositivos de treinamento e assim ocuparam espaço nos lares, escolas, empresas e instituições, passando a fazer parte da vida ordinária.

Do cotejo dessas duas acepções de simulação pode-se extrair um eixo conceitual comum, baseado em dualidades clássicas da filosofia, como realidade-ficção, natureza-artifício, aparência-essência. Porém, tanto a acepção de farsa quanto a de ensaio com modelo aproximam esses pólos ao invés de reforçar sua oposição. A simulação apresenta-se, assim, como uma operação cognitiva que manipula ou embaralha limites relacionados à percepção do real.

Seja como método de aprendizagem, seja como farsa, acreditamos ser possível definir simulação como estratégia cognitiva interativa baseada na produção de efeito de real a partir de modelos. A expressão "estratégia cognitiva" procura dar conta da articulação entre saber e poder tal como formulada por Foucault (1979, 1999), isto é, situando essas categorias como irredutíveis uma à outra, porém indissociáveis. Enquanto a cognição se refere especificamente ao saber, estratégia é algo que concerne ao poder, na medida em que visa necessariamente alguma forma de domínio.

Tomamos a expressão "efeito de real" emprestada de Roland Barthes, que a utilizou para analisar o realismo literário do século XIX (Barthes, 2004). Ela designa notações insignificantes do ponto de vista da estrutura narrativa que servem para dar o tom de descrição (do real) a uma cena ou paisagem fictícia, criando ilusão referencial e uma forma de verossimilhança. Estendendo a noção de Barthes para além do plano da imaginação, ao qual se endereça o efeito de real literário, inferimos que esse efeito também pode se produzir no nível lógico, por exemplo quando um cientista "vê" padrões emergirem de gráficos; ou no plano sensorial, como ocorre com os simuladores de treinamento, videojogos e inúmeros outros dispositivos de realidade virtual contemporâneos, pródigos na produção de sensações visuais, auditivas e táteis. Na verdade, esses planos se entrecruzam e se articulam, não havendo simulações restritas a apenas um deles.

A ligação entre as noções de simulação e modelo é suposta tanto na filosofia quanto na prática científica, embora de maneiras radicalmente distintas. Enquanto a tradição filosófica estabelece entre modelo e simulacro um antagonismo, nas ciências empíricas a relação é de complementaridade. Por exemplo, quando um pesquisador decide investigar o comportamento de um sistema ou um fenômeno, constrói um modelo físico ou computacional com o qual procederá a simulações para reproduzir artificialmente tal sistema ou fenômeno. A observação dessas simulações constituirá, por sua vez, o *feedback* necessário ao aprimoramento do modelo.

Em suma, simulação é um conceito fluido, paradoxal, que dribla cada uma das tradicionais dualidades da cognição ao afirmar simultaneamente ambos os sentidos. Entre saber e poder, entre realidade e ficção, entre modelo e simulacro, a simulação opera hibridações e apaga fronteiras.

Fingindo e aprendendo: interatividade e jogo

O atributo da interatividade[48] está presente tanto na simulação vista como farsa – uma vez que o fingimento tem por finalidade alterar a percepção de outrem, e por extensão a sua ação – quanto na simulação entendida como método de aprendizagem. No caso dos sistemas de simulação baseados em tecnologia informacional – simuladores de treinamento ou videojogos, por exemplo –, a interatividade é uma das principais características desde a concepção do dispositivo até a sua operação pelo usuário.

---

[48] Utilizo o termo em sentido amplo, incluindo as interações humanas diretas. Cf. Jensen, um dispositivo tecnológico altamente interativo é aquele capaz de simular uma conversação — ou uma experiência (Jensen, 1999).

O processo começa com a modelagem computacional, que implica interações recursivas do programador com o modelo, tendo como referente o sistema ou fenômeno real observado (uma aeronave em vôo, uma corrida de automóveis, uma guerra etc.). Os resultados de repetidos ensaios (simulações) realimentam o banco de dados inicial e determinam ajustes no modelo até que os ensaios passem a reproduzir com a maior precisão possível o comportamento do sistema referente.

A simulação trabalha com a dinâmica interativa do jogo, na medida em que pressupõe regras e mescla determinação com uma certa abertura para o acaso. Sua singularidade é a de ser um jogo de disfarces, de opacidades e transparências, que equivoca todo empreendimento moral voltado para distinguir formas legítimas e ilegítimas, ainda que a cultura ocidental contemporânea não dispense esta abordagem. A simulação usada para enganar, disfarçada de acontecimento "real", é reprovada, enquanto aquela que se apresenta como tal e se coloca a serviço do aprendizado ou do entretenimento é abonada pela cultura.

O problema dessa distinção é a imprecisão dos limites entre a simulação que se esconde e aquela que se expõe. Até mesmo a simulação mais "honesta" ilude de alguma forma a nossa percepção. Veja-se o caso do simulador de vôo, tecnologia de aprendizagem que é tanto mais eficaz quanto maior o efeito de realidade proporcionado pelos seus estímulos sensoriais. É preciso que o aprendiz sinta-se efetivamente "voando" e experimente a sensação do risco para desenvolver os reflexos indispensáveis à resolução rápida de problemas.

Sobre esse aspecto, William Bogard comenta que "a simulação sempre trabalha para desconstruir o seu *medium* – a superfície; para produzir um puro e imediato evento" (Bogard, 1996: 35). Ou seja, a eficácia da simulação depende da sua dissimulação enquanto tal; o disfarce e o jogo com a percepção do real fazem parte da sua própria lógica.

As tecnologias digitais de informação e comunicação contribuem para ampliar a potência desse jogo. Análise de Lorenzo Vilches sobre a convergência digital das mídias atribui à interatividade o poder de efetuar a passagem da mediação para a criação. "Os usuários deixam de ser objetos de manipulação para converterem-se em sujeitos que manipulam", afirma Vilches (2003: 234), acrescentando que esse processo instiga mudanças estéticas, simbólicas e sociais sutis, porém profundas. O autor se pergunta como iremos enfrentar o tema da realidade na TV a partir do momento em que a tela se tornar uma interface no sentido forte do termo.

O processo de convergência digital parece já estar integrando a mídia televisiva com o universo dos *games*. Num paralelo entre jogos de personagens e *reality shows* observamos que, assim como num *Role Playing Game* (RPG) *on-line*, o participante do *Big Brother* cria para si uma identidade sintética e interativa, uma espécie de "avatar", que será mais ou menos bem-sucedido de acordo com sua performance no enredo criado e encenado coletivamente. Nesse enredo não falta nenhum dos ingredientes habituais de um RPG: competição entre indivíduos ou grupos, alianças estratégicas, objetivos a serem atingidos, prêmios pela superação de desafios e penalidades por mau desempenho.

A par dessa dimensão lúdica inerente ao gênero, diversas modalidades de *reality show* recorrem explicitamente a jogos – o equivalente aos desafios do RPG –, seja para dinamizar as relações entre os participantes, seja para envolver mais diretamente o telespectador. No *Big Brother*, os jogos propostos aos atores dão movimento à cena e estimulam atitudes de competição e colaboração que funcionam como pistas para o público, ao revelar a "índole" e o "temperamento" de cada personagem.

Ator e personagem: uma só imagem

McLuhan destacou o jogo da naturalidade como uma característica da ficção televisiva: "o teleator deve representar como quem estivesse improvisando, coisa que não teria muita significação no cinema e estaria deslocada no teatro" (2002: 356). A impressão da inexistência de um personagem, isto é, de um modelo identitário sendo encenado, é levada ao extremo no *reality show* e constitui precisamente a prova decisiva para os participantes. Por mais estratégica que seja uma atuação, ela precisa parecer um improviso. Fernanda Bruno acentua esse inusitado estatuto da autenticidade ao propor que "o foro íntimo deixa de ser experimentado como o refúgio mais autêntico e secreto para se tornar uma matéria artificialmente assistida e produzida na presença explícita do olhar do outro" (Bruno, 2004).

O participante de *reality show* deve se mostrar hábil na gestão da sua imagem, aprendendo a modulá-la e refiná-la conforme a resposta dos parceiros e do público aos seus *inputs*. Numa extensa pesquisa sobre o impacto cultural desse gênero televisivo que promete apresentar a vida como ela "realmente é", Alain Ehrenberg observa que parecer natural, jogar com a simplicidade e a emoção são táticas que compõem a *mise-en-scène* do ator de *reality show*, tornando-o um "profissional de sua própria vida" (1995: 198).

A análise de Ehrenberg enfatiza a conexão entre as formas de interatividade suscitadas pelo *reality show* e a produção identitária na cultura contemporânea. Ele atribui a esse gênero televisivo a intenção de estimular o espectador a modelar para si mesmo uma imagem interativa, animada por sua própria história e que, com sorte e competência, poderá lhe dar acesso à mídia. Nesse contexto, a figura ficcional do herói adere sutilmente à realidade.

> Compreende-se por que falar de problemas é hoje um motor de entretenimento e por que não teremos mais realmente a necessidade de um herói diferente, superior ou outro – verossimilhante – pois temos o herói perfeito – autêntico – da história: nós mesmos. Teremos menos necessidade da imaginação de um autor para nos fazer entrar na ficção, pois podemos todos ser, pelo controle do cenário e a presença na tela, os heróis de nossas próprias vidas (Ehrenberg, 1995: 185).

A fluidez da fronteira entre realidade e ficção é uma característica do *reality show* que Ehrenberg também destaca, enfatizando seus reflexos na cultura. A passagem da verossimilhança da ficção à autenticidade do depoimento é "menos o fim do romance do que a legitimação da dimensão romanesca da vida real" (Idem: 192). Fazer bem o papel romanesco, isto é, mostrar competência no jogo de identidade do "herói real" é um requisito indispensável para quem cobiça a imagem midiática.

O show da "cidadania"

No ambiente interativo dos *reality shows* é preciso fazer escolhas simples, votar, dizer sim ou não, eleger este ou aquele. Talvez por isso, os valores de "real" e "autêntico" que constituem o motor desse gênero televisivo são traduzidos pelos participantes em modulações identitárias que permitem produzir cenas e acontecimentos de fácil consumo. O que o espectador comum parece valorizar é uma autenticidade pura e lisa, em detrimento de atitudes ambíguas que possam denunciar a complexidade das forças subjetivas cambiantes, conflitantes e nem sempre visíveis que atuam nos indivíduos.

Ao fomentar a interatividade via telefone e internet – "veja as cenas não editadas", "converse com a turma do *Big Brother*" etc. –, a TV faz o espectador sentir-se envolvido e participante. As votações – mesmo, e talvez principalmente, aquelas que envolvem somente banalidades – são vividas pelo espectador como um autêntico exercício de cidadania, de democracia.

Segundo Ehrenberg, a estratégia da TV para consolidar sua função de controle social passa pelo posicionamento como um "terminal relacional", que pode tratar tanto da cena privada – dramas pessoais e familiares, de preferência aqueles que suscitam questões humanitárias e mobilizam correntes de solidariedade – quanto de problemas mal geridos pelo aparelho político-administrativo, como a exclusão social. "Os homens de mídia tendem a pensar que a televisão pode ser uma forma de democracia direta disfarçando as insuficiências da representação política", comenta Ehrenberg (1995: 203).

Outro autor que sublinha o empreendimento político subjacente à interatividade dos *reality shows* é Guillaume Soulez. Ele afirma que a mídia afasta-se decididamente de seu antigo papel mediador e toma a si mesma como modelo, encenando abertamente sua própria influência simbólica sobre a sociedade.

Crer na "realidade" da "tele-realidade" depende finalmente do poder de transformação de nossa vida que atribuímos à televisão. A tele-realidade articula "realidade" e crença sem passar pela tela imaginária de um outro mundo: de tanto que eu creio, meu olhar pode – realmente – fazer de um anônimo uma estrela. A "realidade" não seria então nada além do nome desse olhar dos espectadores, ao mesmo tempo envolvido e utópico – quanto à delegação de poder – e instrumental – quanto à exposição desencantada do mundo das imagens que ele realiza frente à televisão (Soulez, 2004).

Baudrillard já observava no início da década de 1980, numa perspectiva histórica e política, a transformação que os *reality shows* estariam produzindo na subjetividade contemporânea. Ao enfocar uma experiência norte-americana de "TV-verdade", realizada em 1971 com a família Loud, que se propôs a ser filmada ininterruptamente durante sete meses, ele comenta o seguinte sobre o estatuto dessa inusitada forma de vigilância:

> Fim do sistema panóptico. O olho da TV já não é a fonte de um olhar absoluto e o ideal do controle já não é o da transparência. Este supõe ainda um espaço objetivo (o da Renascença) e a omnipotência de um olhar despótico. É ainda, se não um sistema de encerramento, pelo menos um sistema de quadriculação. Mais sutil, mas sempre em exterioridade, jogando na oposição do ver e do ser visto, podendo mesmo o ponto focal do panóptico ser invisível (Baudrillard, 1991: 42).

Visibilidade e controle

Embora o modelo panóptico (Foucault, 1979) permaneça adequado para explicar o funcionamento de certos dispositivos contemporâneos de vigilância, talvez não o seja para abordar o dispositivo da telerrealidade midiática. O esquema de visibilidade do *reality show* pode ainda ser pensado em termos de centro-periferia, se considerarmos que milhões de telespectadores concentram-se diante da TV para assistir a um só programa, mas a relação se altera: o centro, que era o ponto indevassável do panóptico, torna-se a área de maior visibilidade no *reality show* (o lugar da celebridade). No sentido centro-periferia, em lugar de um olhar passa a operar um modelo informacional – o do bancos de dados, abastecido por incessantes sondagens de opinião e de tendências. Na verdade, o que parece se alterar é a própria correspondência entre olhar e poder, uma vez que na cena contemporânea o poder dispensa um olhar próprio e passa a atuar unicamente pela replicação dos seus códigos (Baudrillard, 1996).

Servimo-nos da distinção entre "sociedade disciplinar" e "sociedade de controle", noções estabelecidas respectivamente por Foucault (1979) e Deleuze (1992), para tentar entender as transformações havidas no poder normativo do dispositivo panóptico e sua conversão gradual num tipo de poder flexível, modulador, auto-ajustável e ainda mais eficaz na desconstrução da sua negatividade – um poder que parece não apenas dispor da simulação como recurso, mas fundar nela o seu próprio modo de operar.

Deleuze busca explorar as diferenças entre a dinâmica da disciplina, forma de poder correspondente à consolidação da sociedade industrial, e a do controle, que floresceu com a emergência do capitalismo pós-industrial. Se a disciplina requer espaços demarcados, fronteiras definidas e confinamentos, o controle trabalha em espaço aberto e flexibiliza limites, afirma o filósofo. Aquilo que a disciplina busca segregar e purificar, por meio da norma, o controle segmenta e inclui. Enquanto a disciplina funciona por moldes, o controle age por modulações.

A definição de Deleuze do poder emergente na contemporaneidade nos sugere uma afinidade com a lógica da simulação. A fluidez das fronteiras espaciais e temporais, a valorização da mobilidade, a modulação de identidades e funções, o monitoramento e o treinamento como atividades contínuas são características da sociedade de controle nitidamente compatíveis com uma cultura da simulação.[49]

Os testes e desafios presentes tanto nos RPGs quanto em diversos tipos de *reality show* podem ser analisados como uma forma de treinamento – por exemplo, em habilidades de liderança, cooperação, rapidez de raciocínio, trabalho sob pressão e com escassez de recursos, que, não por coincidência, são requisitos valorizados pelo mercado de trabalho. Esses jogos reforçam o modelo de cidadão produtivo forjado pela sociedade pós-industrial: individualista (porém cooperativo na produção), extrovertido, versátil, ágil e otimista.

A simulação parece adquirir uma potência renovada na sociedade de controle, com a realização plena da sua dinâmica. Quando trocamos modelos fixos e estáveis pela modelização contínua, a simulação adquire – ela também – uma temporalidade contínua. Observando como o participante do *Big Brother* incessantemente modula sua imagem, produzindo signos de autenticidade elaborados a partir do *feedback* da opinião pública, arriscamos a hipótese de que na cultura da telerrealidade midiática a simulação seja, mais do que uma estratégia pontual para enfrentar situações específicas, a própria regra do jogo identitário para o qual os participantes se adestram incessantemente.

Pensar a produção de subjetividade como jogo identitário e a visibilidade midiática como um valor em si implica uma inversão radical dos valores da disciplina. No caso dos *reality shows* – e particularmente do *Big Brother*, que traz no próprio título a alusão ao panóptico – parece oportuna a observação de Ieda Tucherman de que o dispositivo con-

---

[49] Essa expressão não visa rotular nem muito menos estigmatizar a cultura contemporânea, mas apenas acentuar a atual profusão dos dispositivos e recursos de simulação, tecnológicos ou não, na vida ordinária.

temporâneo da intimidade seja talvez "a original e fatal ironia da vigilância na atual sociedade de controle" (Tucherman, 2005).

A superestimulação das capacidades de simulação do indivíduo contemporâneo, se por um lado desenvolve nele novas habilidades cognitivas, por outro engendra também novos riscos. Considerando que a simulação é uma estratégia de síntese, ou seja, que importa necessariamente uma simplificação, uma redução da complexidade real do mundo ao nível do previsível e do programável, pode-se presumir que uma imersão continuada no efeito de real de jogos como RPG e *Big Brother*, entre outros, tenha o poder de alterar o sentido de "experiência" e de "acontecimento" na nossa cultura, produzindo desdobramentos éticos e estéticos que talvez ainda não tenhamos condições de avaliar.

A imagem midiática parece hoje ser um objeto de desejo privilegiado e quase universal. Para alcançá-lo, vale encenar a revelação do "segredo de toda uma vida", o transbordamento de uma emoção reprimida; enfim, signos do aflorameto de uma essência "por detrás da aparência", proporcionando a todos – espectador, ator, personagem, afinal fundidos numa só imagem – o show do "verdadeiro eu". Bem treinado em suas capacidades de simulação, o indivíduo da sociedade de controle parece estar sempre pronto a sorrir ou chorar diante de uma câmera, seduzido pela perspectiva – ou pela mera fantasia – de se mirar no espelho do olhar público.

Referências bibliográficas

BARTHES, R. O efeito de real. In: *O rumor da língua*. São Paulo: Martins Fontes, p. 181-190, 2004.

BAUDRILLARD, J. *Simulacros e Simulação*. Lisboa: Relógio d'Água, 1991.

_____. *A troca simbólica e a morte*. São Paulo: Loyola, 1996.

BOGARD, W. *The simulation of surveillance - Hipercontrol in telematic societies*. Cambridge: Cambridge University Press, 1996.

BRUNO, F. 2004. Máquinas de ver, modos de ser: visibilidade e subjetividade nas novas tecnologias de informação e de comunicação. In: *Famecos: mídia cultura e tecnologia*, número 24, Porto Alegre.

DELEUZE, G. *Post-scriptum* sobre as sociedades de controle. In: *Conversações*. São Paulo: Editora 34, 1992.

EHRENBERG, A. *L'Individue Incertain*. Paris: Calmann-Lévy, 1995.

FOUCAULT, M. *Microfísica do poder*. Rio de Janeiro: Graal, 1979.

_____. *A verdade e as formas jurídicas*. Rio de Janeiro: Nau Editora, 1999.

JENSEN, J. F. Interactivity – tracking a new concept in media and communication studies. In: P. MAYER (org.), *Computer Media and Communication*. New York: Oxford, p. 160-185, 1999.

MCLUHAN, M. *Os meios de comunicação como extensões do homem*. São Paulo: Cultrix, 2002.

SOULEZ, G. Télé notre regard. In: *Communications*, nº 75 (Le sens du regard). Paris: Seuil, p. 229-241, 2004.

TUCHERMAN, I. 2005. Michel Foucault, hoje ou ainda: do dispositivo de vigilância ao dispositivo de exposição da intimidade. In: *XIV Encontro Anual da Compós, GT Comunicação e Cultura*.

VILCHES, L. *A migração digital*. São Paulo: Loyola, 2003.

O apadrinhamento no mundo do samba como uma significativa estratégia de mediação — entre a roda e o mercado

Micael Herschmann[50]
Felipe Trotta[51]

Introdução

No mundo contemporâneo é possível constatar a emergência de inúmeras formas de sociabilidade: que *atualizam* velhos e novos rituais

---

[50] Pesquisador do CNPq, vice-coordenador e professor do Programa de Pós-graduação em Comunicação e Cultura da Escola de Comunicação da Universidade Federal do Rio de Janeiro, onde também coordena o Núcleo de Estudos e Projetos em Comunicação (Nepcom) e edita a *Revista ECO-PÓS*. Realizou seu Pós-doutorado na Universidade Complutense de Madrid e é autor de vários livros (individuais e em parceria), dentre os mais recentes: *Comunicação, Cultura e Consumo. A (des)construção do espetáculo contemporâneo* (Ed. E-Papers, 2005), *Mídia, Memória & Celebridades* (Ed. E-Papers, 2003) e *O funk e o hip-hop invadem a cena* (Ed. UFRJ, 2000) (micaelmh@globo.com).

[51] Músico, arranjador e violonista especializado em samba, atua como pesquisador de música brasileira há cerca de dez anos, tendo diversos artigos publicados sobre o tema. Mestre em Musicologia pela Uni-Rio e doutor em Comunicação pela ECO/UFRJ, atualmente desenvolve pesquisa sobre o mercado musical nordestino pelo Programa de Pós-graduação em Comunicação da UFPE (trotta.felipe@gmail.com).

em diferentes espaços/contextos sociais; que se realizam no ambiente *on-line* e *off-line*; que utilizam velhas práticas ou novas formas de troca entre os atores sociais; ou outras que empregam regras do mercado ou novas tecnologias de informação e comunicação. Em geral, apesar de sinalizar para uma ampla variedade de questões, essas formas de sociabilidade contemporânea parecem desafiar os pressupostos de interpretações mais sombrias que sugerem que a sociedade atual é predominantemente individualista ou mesmo atomizada.

Ainda que alguns autores como Certeau, Calabrese, Hall, Maffesoli, Negri, Hardt e García Canclini reconheçam os inúmeros problemas e dificuldades enfrentados pelos atores sociais – não só no acesso a certas informações de qualidade ou estratégicas, mas também na sua capacidade de se articular em uma sociedade espetacularizada e caracterizada por um forte traço hedonista –, sugerem em suas obras que o mundo contemporâneo está marcado por diversas experiências coletivas e ricas, capazes de potencializar o *socius* no cotidiano, traduzindo-se inclusive em ações sociopolíticas significativas (Certeau, 1994; Calabrese, 1988; Hall, 2003; Hardt e Negri, 2006; Maffesoli, 1987; García Canclini, 1997).

Analisando matérias divulgadas na imprensa, letras de música, depoimentos concedidos por importantes atores sociais do universo da música e a observação de campo de algumas rodas de samba, este artigo toma a prática freqüente do *apadrinhamento* dos músicos como um estudo de caso capaz de revelar aspectos da sociabilidade que se constrói no chamado mundo do samba: tanto nas chamadas *rodas* quanto no mercado.[52]

O pressuposto central aqui é que o ato de apadrinhar um artista é uma prática recorrente no mundo samba e não é considerada pelos indivíduos como sendo *injusta*. O padrinho, além de colaborar com a ascensão de atores que fazem parte do seu círculo de relações sociais, (re)legitima a sua condição de *formador de opinião*, como importante mediador neste universo musical. Ou melhor, este tipo de prática social

---

[52] Agradecemos o apoio concedido pelas agências de fomento à pesquisa – Capes e CNPq – para a realização desta investigação.

constrói hierarquias e relações de poder no interior dessa coletividade: se, por um lado, para o *apadrinhado*, o aval é uma forma de conseguir – mais rapidamente – um espaço no mundo da música (reconhecimento dos pares e/ou no mercado), por outro lado, para o *padrinho* é uma estratégia a fim de reafirmar sua condição de liderança para a comunidade que *produz* e que *consome* samba.

Em torno do mundo do samba, portanto, funda-se uma sociabilidade que gira não só ao redor deste gênero musical e grupamentos urbanos (Frith, 1998; Thornton, 1996), mas também do consumo cultural (Canclini, 1995) que conforma a *cena musical* do samba (Straw, 1991).

Evidentemente, poder-se-iam considerar as comunidades contemporâneas, em sua maioria, um tanto distintas das tradicionais, pois estariam menos marcadas não por um pertencimento a um território, mas, sim, a uma *territorialidade* (Deleuze e Guattari, 1995). Janotti Jr. sugere considerar algumas comunidades atuais como sendo de *sentido*:

> (...) [pois estão compostas] (...) de indivíduos que partilham interesses comuns, vivenciam determinados valores, gostos e afetos, privilegiam determinadas práticas de consumo, enfim, manifestam-se obedecendo a determinadas produções de sentido em espaços desterritorializados, através de processos midiáticos que se utilizam de referências globais da cultura atual. É a vivência desses sentidos que permite aos jovens reconhecer seus pares, seja um skatetista, um punk, um headbanger, um clubber; independentemente do território em que esses sentidos se manifestam. Os territórios das *Comunidades de Sentido* seriam, antes de tudo, territórios simbólicos que possibilitam a manifestação de sentidos, presentes na produção discursiva das culturas mediáticas. Dessa forma, se não se partilha o território físico, continua-se a partilhar imagens, vestuários, posicionamentos corporais, valorações presentes nos objetos culturais que fundam esses territórios simbólicos, possibilitando, aos membros das comunidades, reconhecerem-se dentro desse território, independente das fronteiras geo-

gráficas tradicionais. Isso não significa que os membros dessas comunidades perderam seus traços locais e, sim, que os patamares, em que as comunicações entre seus membros se estabelecem, são aqueles que resumem os traços comuns a toda comunidade em nível global. (...) As *Comunidades de Sentido* manifestam-se localmente através da reunião de indivíduos em Grupamentos Urbanos que operam a apropriação local dos objetos culturais veiculados mundialmente. Esse não é um caminho linear; ao fazer circular os sentidos, os indivíduos operam uma retro-alimentação dos estilos que fundam a comunidade (Janotti Jr., 2003: 4-7).

Parte-se do pressuposto, portanto, de que há tanto uma sociabilidade que é produzida na roda de samba quanto uma que é elaborada a partir do consumo cultural. Como ressalta Canclini, os *estilos de vida* (Bourdieu, 1991) que se materializam através do consumo não só permitem aos atores sociais se diferenciarem, mas também se posicionarem identificando e construindo suas comunidades ou grupos de pertencimento (García Canclini, 1995).

Sociabilidade no samba

O samba se caracteriza – talvez mais do que outros gêneros musicais (Frith, 1998) – por trazer em sua própria ambientação simbólica uma idéia bastante forte de comunidade e de sociabilidade. Mais do que um aspecto formador de qualquer experiência musical, a noção de que o samba é feito *entre amigos* é estrutural na configuração daquilo que poderíamos chamar de imaginário do gênero, ou, em outras palavras, do pensamento sociomusical compartilhado por esta sua comunidade de sentido. O samba, entre outras coisas, constitui-se também em uma experiência social ligada a encontros festivos em determinados espaços, cuja função passa primordialmente por sedimentar vínculos afetivos de parentesco, vizinhança, amizade ou compadrio (Da Matta, 1979; Barbosa, 1992).

O ambiente comunitário marcou profundamente o passado do samba junto à população de baixa renda – nos morros e periferias do país – e é até hoje bastante característico deste universo cultural. No início do século XX, o samba podia ser entendido como o resultado estético e social do convívio cotidiano entre parentes, amigos, compadres e vizinhos, que se intensificava nos períodos de festas e tinha como importante marco o carnaval.

Como é possível apreender a partir do depoimento do prestigiado sambista Cartola:

> A gente desfilava nos domingos de carnaval na Praça Quinze e, às segundas-feiras, o pessoal do Estácio vinha aqui para o morro. Na terça-feira, a Mangueira ia ao Estácio. A amizade era muita. A Estácio era a escola mais velha, não vamos discutir isso. Tínhamos assim certo respeito pela Estácio. Fora do carnaval mesmo, o pessoal da Estácio vinha pra cá pro morro cantar samba, qualquer dia da semana. E nós os respeitávamos como mestres do samba (Silva e Oliveira Filho, 1997: 46).

Como sugere esta narrativa, parecia haver uma intensa troca entre as várias localidades onde o samba era praticado, colaborando para a criação de um tipo de música com grande potencial de circulação e mobilização social. Ou seja, ao mesmo tempo que o gênero representava certa vinculação geográfica e cultural determinada, ia se espalhando em espaços sociais com características semelhantes e, aos poucos, foi se expandindo entre as várias regiões, sobretudo em encontros carnavalescos. Neste momento, as escolas de samba se caracterizavam como um espaço social comunitário, familiar, ou seja, um ambiente amador de encontros, de trocas, de experiências e de reforço de laços. Desde sua criação e oficialização, os espaços dos terreiros e, posteriormente, das quadras das Escolas foram se constituindo como *locus* fundamental do que se costuma chamar de "mundo do samba". Especialmente nas Escolas ocorriam eventos de samba que aconteciam ao longo do ano e de forma regular, de modo que, em pouco tempo, elas haviam se tornado os principais núcleos de encontros de sambistas.

Sendo assim, parte importante dos referenciais simbólicos do mundo do samba foi construída a partir da idéia de encontro, tendo como centro aglutinador a roda de samba. A roda é uma representação materializada de toda a ambiência, do estado afetivo e do compartilhamento simbólico que o samba narra[53]. É evidente que, no decorrer das várias décadas de existência, essa convivência íntima se ampliou e o samba passou a circular por espaços bastante diferenciados e não necessariamente aqueles tradicionais do mundo do samba.

Se, por um lado, a roda permaneceu como espaço simbólico fundamental para o imaginário do samba, sendo continuamente revisitada em canções, narrativas e *shows* em seu local mais recorrente, o fundo de quintal (Pereira, 1995), por outro lado, simultaneamente, alguns sambistas começaram a se fazer presentes na indústria fonográfica – nos corredores das gravadoras e estúdios de programas de rádios, fornecendo sambas para apresentações de cantores profissionais consagrados – e o tipo de sociabilidade que foi criado nesses novos espaços foi afetando as relações sociais entre os músicos e o público que aprecia este gênero.

É possível atestar, analisando o funcionamento do mercado de música, que este gira em torno da figura do "artista", ou seja, é em torno deste personagem que se constrói todo o universo simbólico do mercado musical. Associado ao artista e às músicas interpretadas por ele, passou a se elaborar e vender ao público um perfil estético, visual e comportamental. A intensa promoção que as gravadoras realizam sobre a imagem faz com que o artista se torne uma espécie de mito mediático, respondendo por uma série de representações (e sentidos) que são extraídas da sonoridade e do ambiente afetivo de seu disco. Essas representações (Chartier, 1987) afetam e condicionam atitudes, indumentárias, posturas corporais, modos de ser e de se relacionar dos atores sociais.

---

[53] O jornalista Roberto M. Moura afirma, textualmente, que a roda é a "casa" do sambista, contrapondo-a ao mercado, que para ele se configuraria como "rua" (Moura, 2004). Este autor toma de empréstimo os conceitos desenvolvidos pelo antropólogo Roberto Da Matta (1991) em sua obra.

Vale ressaltar que a imagem da música como mercadoria baseia-se na capacidade do artista de "convencer" os seus pares e o público de que ele é o criador fundamental desses produtos.

Em outras palavras, o ambiente profissional do mercado se caracteriza por uma forte tendência à valorização da individualidade, representada pela separação relativamente rígida entre artista e público. Se a composição, execução, criação e performance nas rodas podiam ser compartilhadas por quase todos os participantes, numa forte tendência à socialização, no ambiente do mercado a designação de funções (e a aparente divisão do trabalho) favorece a configuração de uma individualização. É fácil observar que, aos poucos, o espaço aberto e coletivo das rodas improvisadas tende a ser eclipsado no âmbito do mercado por um compositor individualizado, autor de seus sambas e beneficiário direto dos eventuais lucros da composição. De acordo com Sodré, com a profissionalização dos sambistas, os indivíduos passaram a conviver inevitavelmente com esses processos de individualização. A profissionalização transforma, no dia-a-dia, a música *folclórica* – de "produção e uso coletivos" – em uma mercadoria conhecida como *música popular* (Sodré, 1998: 41).

Muitos indivíduos, aliás, questionam a legitimidade da transformação da música em mercadoria, ou melhor, da aplicação do *sistema de copyright* a produtos que efetivamente são resultado de uma produção social/coletiva. Referem-se não só ao universo da música, mas especialmente às manifestações folclóricas ou da tradição oral. Smiers lembra que o *copyright* vem sendo imposto nas últimas décadas pelos países centrais e que, apesar de ser um recurso para garantir a preservação de direitos autorais e de propriedade, vem produzindo inúmeras distorções e injustiças (Smiers, 2004).[54]

---

[54] Os EUA são o grande defensor do sistema de *copyright* hegemônico no mundo atual. O país está preocupado em manter a altíssima lucratividade que vem obtendo nos últimos anos com a aplicação deste sistema. Desde 1997, as indústrias de *copyright* lideram o *ranking* do país nas exportações, ficando na frente da agricultura e da indústria automobilística.

No entanto, deve-se destacar que as noções de individualidade e sociabilidade, seja na roda ou no mercado, não devem ser entendidas de forma excludente. De fato, mesmo nas rodas improvisadas e absolutamente amadoras, as individualidades são respeitadas e cultuadas. O talento de certos compositores, intérpretes, grandes músicos ou improvisadores sempre foi altamente valorizado individualmente nas rodas de samba. Por outro lado, o mercado não é um espaço de troca monolítico que se move exclusivamente em torno do artista da gravadora. A música, os artistas, o público, os mediadores e as experiências/encontros musicais produzem: redes de sociabilidade, vetores de identificação, em que são veiculados pensamentos, visões de mundo e sentimentos e que são compartilhados socialmente. Não é verdade que o individualismo reine tão absoluto hoje. Mesmo num mundo globalizado, marcado pela fragmentação e fluidez, o consumo opera não apenas *desterritorializando*, produzindo experiências individualizantes, de fruição e escapismo. É possível identificar, por exemplo, no caso dos consumidores dos *shows* de samba e choro no bairro da Lapa (no Rio de Janeiro) ou de jovens que consomem roupas de hip-hop ou rock, um ato importante que reterritorializa os indivíduos, capaz de produzir um senso de coletividade ou de sentimento público (Herschmann e Kishinhevsky, 2006).

Assim, poder-se-ia analisar na dinâmica do mundo do samba que: se, por um lado, o mercado atua como um ambiente de circulação musical que *tende* à individualização e que se articula e se coloca em tensão com a dinâmica das rodas – que funcionam como espaços fortemente marcados, mas não exclusivamente construídos pela idéia de convivência e de troca afetiva –, por outro lado, é preciso ressaltar que o mercado fomenta também uma sociabilidade, uma comunidade de sentido que congrega artistas e público e/ou ídolos e fãs (Mira, 1998). O advento e a consolidação do mercado do disco inauguram uma nova forma de relação com a experiência musical, que passa não só a ganhar novos significados e força simbólica, mas também a gravitar mais em torno de determinados "nomes" do que propriamente de espaços de sociabilidade.[55]

As tensões e articulações entre esses espaços – da roda e do mercado – podem ser consideradas elementos cruciais na formação do imaginário do samba. A ênfase, em alguns momentos, nos valores amadores e comunitários promove certo mal-estar entre os atores e um descompasso entre a valorização das rodas e o ambiente de consagração do mercado. Em certa medida, há uma reconciliação entre esses espaços, quando o repertório do samba passa a recorrer com maior freqüência às simbologias e narrativas das rodas, ou seja, quando faz referência aos espaços comunitários do samba, aos personagens que ali circulam, enfim, ao ambiente sociocultural mais tradicional do samba. Contudo, apesar de se referir cada vez mais a um ambiente social cuja referência simbólica é o trabalho musical amador, o gênero inevitavelmente se transforma também em mercadoria e passa a ocupar espaços no cenário mediático e de circulação de música altamente profissionais.

É nesse momento que entram em cena, com maior importância do que antes, certos mediadores culturais que se incumbem de realizar *pontes* entre as rodas e o rádio e tevê ou entre as rodas e a indústria fonográfica (Frith, 2006). A articulação que parte, em geral, da ambientação amadora e informal do *fundo de quintal* até os corredores dos estúdios das rádios, das gravadoras e de outras organizações do *showbusiness* foi sendo construída progressivamente, principalmente através da atuação incisiva e sistemática de certos mediadores culturais posicionados estrategicamente na fronteira entre as rodas e o mercado.

---

[55] A partir daí o sambista passa a se auto-intitular um "artista" na medida em que consegue se legitimar no mercado, pois do contrário permanece na condição apenas de uma espécie de "anteprojeto de artista". O famoso sambista Paulo da Portela é autor de um samba intitulado *Cidade mulher*, no qual caracteriza o sambista como um "anteprojeto". Em suas palavras: "Cidade, quem te fala é um sambista/ Anteprojeto de artista/ Teu grande admirador/ E confesso boquiaberto/ De manhã quando desperto/ Com tamanho esplendor (...)".

Mediações no universo da música

A comunicação entre movimentos musicais e o mercado musical depende da intermediação de pessoas que gozem de bom trânsito em ambos os espaços. A relação do samba ou de qualquer outro gênero com o mercado de música sempre teve como eixo importante a atuação de atores sociais que, nos bastidores, promoviam o contato entre compositores, cantores, músicos, jornalistas, diretores de gravadoras, radialistas, produtores de televisão, profissionais de publicidade, cinema etc.

Os meios de comunicação tiveram um importante papel no desenvolvimento da indústria da música. A aliança desta indústria não só com o rádio e a televisão (mesmo antes da existência de programas e emissoras ao estilo da MTV), mas também com alguns atores sociais de grande legitimidade e respeitabilidade no meio musical, foi fundamental na mediação, na construção de *comunidades de sentido* que gravitam em torno dos gêneros musicais, as quais são cruciais para que as empresas fonográficas atinjam o mercado consumidor de forma mais efetiva.

Negus e Frith ressaltam que, ao lado das execuções de música ao vivo (através de turnês e festivais), outra estratégia de caráter mediático importante para a promoção das músicas da grande indústria é a aprovação de *árbitros* do universo musical, tais como críticos de publicações musicais; programadores de rádio/televisão; DJs que atuam em diferentes espaços; promotores e comerciantes de discos, entre outros. Conseqüentemente, a indústria da música, para obter êxito, necessita contar com o apoio dos *medias* e de importantes formadores de opinião. Em suas respectivas obras, estes autores caracterizam a indústria da música como um negócio complexo, no qual é preciso adotar estratégias de organização que permitam gestionar vetores "irracionais" como o "talento" e o "gosto". Em outras palavras, ressaltam que a música se constitui em um *business* marcado mais pelo fracasso do que pelo êxito: quase 90% dos produtos geram perdas, o que acaba criando uma "cultura da culpa" nas empresas (como uma tensão freqüente entre os departamentos de marketing e de artistas & repertório) e fazendo com que as companhias fonográficas adotem estratégias que visam minimizar esses prejuízos, tais como o desenvolvimento de um *star system* (investimento em publicidade e marketing junto a estrelas que já produziram grandes êxitos de mercado), uso de *listas top 40* ou *100* e a utilização de *selos de gênero* para classificar as músicas produzidas e definir um campo de atuação (que implica atuar em revistas, programas de rádio específicos, lugares de concentração e concertos, lojas especializadas e *sites* da internet) mais claro (Negus, 2005; Frith, 2006).

Assim, jornalistas e radialistas sempre tiveram um estreito contato e gozaram de ótimo prestígio nas rodas de samba, nas Escolas e com os sambistas. Parte da boa presença do samba no rádio e nos cadernos de cultura dos grandes jornais nacionais deriva dessa aproximação. Já nos anos 1930, jornalistas como Vagalume e Jota Efegê foram pioneiros na literatura sobre o gênero. Segundo Hermano Vianna, esses mediadores culturais favoreceram a estruturação do samba no mercado como síntese da cultura brasileira ao colocarem em contato "mundos que pareciam estar para sempre separados" (Vianna, 1999: 155). Nas décadas de 1950 e 1960, Sérgio Cabral, José Ramos Tinhorão e outros jornalistas fizeram carreiras abordando com freqüência o assunto samba. Mais recentemente, na imprensa carioca, João Máximo, João Pimentel, Hugo Sukman e diversos outros profissionais vêm colaborando para que o espaço do samba na mídia impressa esteja regularmente em destaque. As motivações para esse tipo de mediação quase sempre passam pela noção de valorização de uma prática musical reconhecida como "autêntica", de "raiz", e/ou "popular", como se pode perceber nas palavras do radialista Adelzon Alves, responsável pelo famoso programa "Amigo da Madrugada", na *Rádio Globo AM*:

> Meu programa de rádio na madrugada da *Globo* era dirigido ao pessoal de morro, de samba autêntico, de samba de raiz. Isso em função de eu sempre ter tido uma consciência política, cultural, ideológica, nacionalista (...). E eu começo o meu programa aí, procurando valorizar e abrir espaço pros compositores de morro. Era de madrugada, eles não sabiam direito o que eu tava fazendo e eu botava pra tocar o pessoal do

mundo do samba, com quem eu passei a ter um contato mais aprofundado[56].

Sua proposta, portanto, era veicular no rádio a música de artistas populares, com ênfase na produção de sambistas das escolas de samba do Rio de Janeiro, que não tinham espaço na programação normal das mídias massivas. O relato de Adelzon revela uma atuação mediadora bastante comum de profissionais dos meios de comunicação, especialmente com relação ao samba. Trata-se de um grupo profissional que, consciente do poder de divulgação do veículo para o qual trabalha, busca utilizar seu espaço para a divulgação de determinadas tendências estéticas associadas ao seu gosto pessoal. Ao se declarar portador de uma "consciência política, cultural, ideológica, nacionalista", o radialista ocupa uma função social específica voltada para aquela produção cultural que ele julga politicamente importante e/ou culturalmente relevante para o país.

Discurso semelhante é também encontrado na voz do radialista Moisés da Rocha, responsável pelo programa "O samba pede passagem", na *Rádio USP*, que na década de 1980 promoveu uma intensa circulação de sambas na capital paulista.

Como sempre, freqüentava as rodas de samba dos barzinhos do Bixiga. Num deles, Itapoan, tocava o grupo *Samba Lá de Casa* (...). Um dos componentes do *Samba Lá de Casa*, o Nelson Mecha Branca, tinha um primo, o Beto, que era montador de fitas na RGE e me falou que tinha chegado na gravadora um LP de um grupo novo do Rio de Janeiro mas que nem aí estavam tocando e perguntou-me se eu queria que ele me trouxesse um disco. (...) Ao ouvir o disco no meu programa na *Rádio USP*, falei no ar: Vou tocar este disco, com essas músicas, todos os dias aqui em nosso programa. Era nada mais nada menos do que o *Fundo de Quintal*, com Jorge Aragão, Almir Guineto, Sereno, Bira, Ubirani e Cia[57].

---

[56] Entrevista concedida aos autores em 27/02/2003.
[57] Entrevista concedida aos autores em 07/3/2005.

Rocha mapeia o caminho percorrido pelo LP até chegar as suas mãos, ressaltando os vínculos estabelecidos com integrantes de grupos e funcionários de gravadoras. Nota-se também uma grande intimidade do radialista com o ambiente das rodas, declarando-se freqüentador de várias delas. Esse aspecto da mediação é de grande importância para a construção de um canal constantemente aberto entre sambistas e mercado, ou seja, entre o fazer musical compartilhado, comunitário e coletivo e o ambiente profissional das gravadoras e rádios.

Martín-Barbero enfatiza a importância deste tipo de mediação, ou melhor, destaca a relevância não só das inter-relações que os atores tecem – desempenhando o papel de emissores e receptores –, mas também dos fatores intervenientes nessa relação, bem como ressalta as formas de apropriação e (re)significação de sentidos que freqüentam a pluralidade dos discursos contemporâneos (Martín-Barbero, 2001).

Ao atuar desta forma, os profissionais dos meios de comunicação estabelecem uma relação de mútua admiração e interdependência com os sambistas, muitas vezes se beneficiando pessoal e profissionalmente deste vínculo[58]. Segundo Isabel Travancas,

---

[58] Um caso interessante foi contado pelo jornalista Hugo Sukman, do jornal *O Globo* (entrevistado no dia 23/3/2005): Na época do lançamento do CD *À Vera*, de Zeca Pagodinho, o sambista havia se tornado um astro da música nacional e seu disco estava cercado de mistérios, como de praxe nos lançamentos de grande porte. Do lado do jornal, interessava "furar" o bloqueio da assessoria de imprensa e divulgar em primeira mão alguma entrevista ou notícia sobre o disco. Convocado pelo editor, o jornalista João Pimentel, conhecido por ter ótimas relações no mundo do samba e por assinar diversas matérias sobre o gênero, parte em busca de novidades e "descobre" na ficha técnica do CD um compositor (que trabalhou com Zeca Pagodinho) que estaria estreando no mercado. Consegue seu endereço e assina uma matéria sobre o disco – antes dos outros veículos – descrevendo a trajetória do "novo" compositor e de sua música gravada no disco do cantor célebre. João Pimentel "ficou bem" com o editor, sedimentou seus contatos no mundo do samba e ainda conseguiu um "meio-furo". Esse episódio ilustra como essa estreita aproximação entre jornalistas e sambistas eventualmente representa benefícios para ambas as partes, significando para o jornalista uma ampliação de prestígio profissional e simbólico no ambiente musical.

o jornalismo, como ocupação própria da sociedade moderna, exerce grande atração para muitos indivíduos, seja pelo seu papel social, seja por ele ser visto como um instrumento de obtenção de poder e sucesso. (...) Ou seja, a profissão passa a ocupar um enorme espaço em suas vidas e se torna o elemento fundamental para a construção da identidade dessas pessoas (2003:48).

É interessante observar esse aspecto na atuação de jornalistas nas rodas de samba. Pessoas consagradas no mercado profissional dos meios de comunicação como Sérgio Cabral, João Máximo, Adelzon Alves, Tárik de Souza, Hugo Sukman ou João Pimentel[59], ao chegarem a uma roda, formam naturalmente ao seu redor um núcleo de pessoas conhecidas, demonstrando suas boas relações e sua intimidade com o ambiente. Em geral, todos sabem do poder desses profissionais e buscam deles se aproximar numa estratégia muitas vezes inconsciente de estreitamento de laços. É óbvio que em muitos casos há realmente um vínculo afetivo, seja no âmbito pessoal, seja derivado da obra dos atores sociais, mas é importante destacar que se trata de um tipo de relação de troca bastante explícita. O jornalista vai à roda para se divertir, mas, ao mesmo tempo, é a partir dos laços conquistados nesse ambiente que ele irá obter dados e informações para as suas reportagens e matérias. Além disso, os sambistas precisam de boas relações nos veículos de comunicação para aumentar a visibilidade e, conseqüentemente, ampliar as possibilidades de circulação comercial de seu trabalho.

Assim, as relações de apadrinhamento que se estabelecem neste universo musical trazem benefícios tanto aos sambistas quanto aos profissionais de mídia. Foi assim que o samba ocupou um lugar de destaque na vida nacional – símbolo da cultura brasileira e com seus elementos característicos –, isto é, desta forma é que ele foi se constituin-

---

[59] A lista é obviamente incompleta e centrada em figuras prestigiadas no âmbito do Rio de Janeiro, sobretudo na mídia impressa. Há, como em toda lista, omissões e diferentes pesos para cada nome citado. Mencionamos o nome destes jornalistas apenas como um exemplo para ilustrar o argumento desenvolvido aqui.

do em uma referência fundamental para a construção de uma identidade local, carioca e/ou brasileira.

Padrinhos e apadrinhados no mundo do samba

No ambiente do samba, determinadas formas de mediação entre contextos amadores da produção musical e a prática profissional do mercado adquirem *status* de relação de parentesco, assumindo aparentemente a forma de um apadrinhamento *desinteressado*. Esta mediação, inúmeras vezes, é realizada por artistas já consagrados que se encarregam de revelar novos sambistas. Nesses casos, a relação entre padrinho e apadrinhado se reveste de outros significados bastante claros, que tendem a ocultar os benefícios mútuos que esta prática promove junto aos atores sociais envolvidos.

A noção de apadrinhamento é uma forma de sociabilidade bastante *assumida* nas relações em comunidades de baixa renda, rurais ou deslocadas na geografia das cidades, constituindo-se mesmo em um recurso de sobrevivência. Ao mesmo tempo, como enfatizam Barbosa (1992) e Da Matta (1979), essas práticas – ainda que relativamente escamoteadas em certos extratos sociais mais elevados – remontam uma tradição bastante presente e que indica que no Brasil vivemos em uma *sociedade híbrida*: por um lado, temos características de uma sociedade moderna dos *indivíduos* (Dumont 1993), mas também de uma sociedade tradicional, hierárquica e holista.[60] Se o universo dos *indivíduos* é constituído por leis e decretos impessoais que buscam a igualdade através de sua aplicação prática, o mundo das *pessoas* se estabelece através da mediação de clãs, linhagens, famílias etc. Barbosa e Da Matta sugerem que a *pessoa* poderia ser considerada como uma "vertente coletiva da individualidade" e concluem que no Brasil viveríamos muito mais no registro de uma *sociedade das pessoas* do que dos indivíduos

---

[60] Ainda que um tanto estruturalistas, estas obras de Da Matta e Barbosa oferecem pistas para a compreensão da dinâmica complexa das relações sociais no Brasil.

(Barbosa, 1992; Da Matta, 1979). Nesse sentido, os autores ressaltam que o mundo da lei é habitado por indivíduos e, em geral, é reservado apenas a certas circunstâncias específicas da vida social do país.

O *apadrinhamento* ou *compadrio* analisado neste estudo de caso, portanto, é uma prática amplamente realizada em sociedades hierarquizadas – das *pessoas* – como a brasileira. O apadrinhamento, assim, seria uma forma de externalizar prestígio e status social. Como sugere Da Matta:

> Os medalhões, as pessoas, não foram feitos para essas leis que igualam e tornam os indivíduos meros recipientes, sem história, relações sociais ou biografia. Assim, os que recebem a lei automaticamente ficam um pouco desgarrados, indigentes e párias sociais. Sim, porque para nós depender de um órgão impessoal (seja particular ou de Estado) é revelar que não se pertence a nenhum segmento. É mostrar que não se tem família ou padrinho: alguém que nos "dá a mão" ou pode "interceder por nós" (Da Matta, 1979: 183).

Buscou-se aqui, portanto, enfocar a questão do apadrinhamento como uma relação específica de troca e uma forma de mediação cultural determinada, que aparece talvez de maneira mais recorrente no samba do que nas relações sociais que gravitam em torno de outros gêneros musicais. Para isso, elegemos dois casos característicos desta relação de compadrio no chamado "mundo do samba": mais especificamente o caso de Paulinho da Viola e de Beth Carvalho.

Em 1968, Paulinho da Viola lança seu primeiro LP solo pela gravadora Odeon. Dois anos depois, lança um compacto com seu clássico *Foi um rio que passou em minha vida* e adquire grande projeção comercial (com a ajuda, inclusive, de outro padrinho: Adelzon da Rádio Globo). Apoiado neste prestígio, procura a gravadora RGE para intermediar a gravação de um disco com sambas de compositores da Portela (popular escola de samba do Rio de Janeiro). Ainda em 1970, o projeto é aprovado e ele produz o disco "Portela Passado de Glória", que, segundo o texto de sua autoria – que acompanha o encarte –, reunia "o maior número possível de obras inéditas dessas figuras maravilhosas que influíram direta ou indiretamente na criação da Escola". A este respeito Coutinho comenta:

> Ao reunir esse grupo para registrar em disco a memória musical coletiva da comunidade portelense, Paulinho da Viola cria a "instituição" que hoje conhecemos como Velha Guarda da Portela, conferindo a esses sambistas uma força e uma significação que até então não possuíam. O grupo se torna conhecido, adquire prestígio fora dos limites das comunidades do samba e ganha espaço na mídia, no mundo do mercado (Coutinho, 2002: 128).

Nesse sentido, a mediação deste cantor aproxima da "mídia" e do "mundo do mercado" um determinado grupo de sambistas cujo trabalho musical artesanal e comunitário se voltava prioritariamente para a prática amadora dos círculos relativamente fechados de uma determinada escola de samba[61]. Coutinho atribui a essa mediação o aumento do prestígio, da força e da significação desse grupo de sambistas. A partir deste disco, Paulinho da Viola tornou-se, em alguma medida, *padrinho* da Velha Guarda da Portela[62], que o consagra como "sucessor" do fundador da escola: o sambista Paulo da Portela[63].

A idéia de apadrinhamento aparece com muita força no universo comercial da prática do samba. Talvez a artista que melhor represente

---

[61] Evidentemente, ao transpor os limites das rodas amadoras para alcançar o grande mercado fonográfico, a Velha Guarda ampliou o alcance de suas músicas, suas idéias, pensamentos, visões de mundo.
[62] CÔRTES, Celina. "Retrato de bamba" in *Isto é on line. Artes & Espetáculos.* São Paulo, 23/07/2003 (link: http://www.terra.com.br/istoe/1764/artes/1764_retrato_bamba.htm, último acesso: 29/10/2006).
[63] O samba *De Paulo a Paulinho* (Monarco / Chico Santana) afirma essa herança: "Antigamente era Paulo da Portela/ Agora é Paulinho da Viola/ Paulo da Portela nosso professor/ Paulinho da Viola o seu sucessor/ Vejam que coisa tão bela/ O passado e o presente/ da nossa querida Portela".

esse tipo de relação é a cantora Beth Carvalho. Esta cantora atua no mercado, sobretudo através de sua identidade de *madrinha*. Assim, sistematicamente "descobre" talentos nas rodas de samba que freqüenta com assiduidade e os "apadrinha" no mercado musical, seja através do lançamento de músicas em seus discos, seja através da sua própria participação em shows e discos de seus "afilhados". Para ela, essa função não é esporádica e está intrinsecamente incorporada ao seu perfil artístico e ao seu marketing[64]. Em 2004, lança, em CD e DVD pela gravadora Indie, um trabalho sintomaticamente intitulado *A madrinha do samba*. De acordo com a pequena biografia que consta em seu *site* (retirado do *site* www.bethcarvalho.com.br):

> Beth Carvalho tem reconhecida a sua característica de resgatar e revelar músicos e compositores do samba. (...) Beth é inquieta. Não espera que as coisas lhe cheguem. Vai mesmo buscar. Pagodeira, conhece a fertilidade dos compositores do povo, e mais do que isso, conhece os lugares onde estão, onde vivem, onde cantam, como cantam e como tocam.

Foi ela quem trouxe para o mercado importantes músicos como, por exemplo, Cartola, Nelson Cavaquinho, Fundo de Quintal, Arlindo Cruz e Sombrinha. Desde os anos de 1970, ela atingiu uma posição mercadológica favorável, sendo reconhecida como uma excelente vendedora de discos e, portanto, gozando de um bom relacionamento com os diretores de suas gravadoras. Em 1978, ao lado de seu então produtor Rildo Hora, foi também responsável pela ampliação da visibilidade daquele que se tornaria, no final do século XX, o maior representante comercial do samba: Zeca Pagodinho.

> O Zeca Pagodinho foi assim: eu sempre ia no Cacique pegar música pra Beth e ele tava sempre por lá. E numa vez a gente tava gravando um disco e eu falei: Beth, vamos chamar aque-

---

[64] "Beth Carvalho assume de vez seu papel de madrinha dos sambistas" in *O Globo*. Segundo Caderno. Rio de Janeiro, 28/10/2006, p. 10.

le maluquinho lá do Cacique pra vir dar uma canja aqui no seu disco? Aí ele veio e cantou aqui, eu dirigi, fiz com muito cuidado (...). Nós chamamos o Zeca pra fazer uma participação assim normal como um pagodeiro lá do Cacique que veio dar uma canja no disco da Beth. Nem a Beth podia imaginar que fosse fazer tanto sucesso. A gente sabia que ele era muito bom! Que ele chegava lá quando tava a roda de partido alto formada e improvisava, ele é fogo! Fora de série[65].

A partir daí, Zeca Pagodinho dá início a sua carreira e, três anos depois, lança seu primeiro LP na RGE. Cabe ressaltar que até hoje ele faz questão de chamar Beth pelo título de "madrinha" em diversas gravações e em apresentações ao vivo.

Como se pode constatar nestes exemplos, a idéia de apadrinhamento remete à atmosfera amadora e comunitária do samba, em que as relações de vizinhança, amizade e parentesco são sublinhadas com escolhas de padrinhos, madrinhas e "compadres". "Apadrinhar", segundo o dicionário Houaiss, significa "oferecer patrocínio, favorecimento; lutar em favor de, defender; amparar", indicando uma relação de tutela entre o padrinho e o apadrinhado, como alguém que é "patrocinado, favorecido, defendido, protegido, amparado". O apadrinhamento está ligado a um ritual de passagem – batismo, casamento, formatura –, que representa um momento de "apresentação" do afilhado a uma outra esfera da vida social (www.dicionariohouaiss.com.br/index2.asp).

No âmbito do mercado musical, o apadrinhamento significa que o produto está acompanhado de um aval legitimador do padrinho perante um público que num primeiro momento desconhece o novo artista. O compadrio no mercado evidencia uma situação hierárquica, uma vez que aquele que apadrinha se encontra numa posição comercial mais favorável do que o apadrinhado. Para Mauss, "dar é manifestar superioridade, ser mais, mais alto; aceitar sem retribuir é subordinar-se, significa tornar-se cliente ou servidor, apequenar-se, rebaixar-se" (Mauss, 1974).

---

[65] Entrevista de Rildo Hora concedida aos autores em 08/4/2005.

O que não fica claro para o grande público é que nessa relação desigual há benefícios para todos os envolvidos. O apadrinhado se beneficia da mediação favorável do padrinho e com isso não só conquista um *atalho* para a obtenção de exposição midiática, mas também angaria a simpatia daqueles que se identificam com a produção do padrinho. Já o padrinho demarca a sua posição privilegiada nas rodas e no mercado: sua atuação nos dois ambientes permite que ele seja considerado pelos atores sociais como um líder ou mesmo um indivíduo "generoso" que, apesar de todo seu poder e prestígio, "milita" em prol da comunidade do samba.

Ao mesmo tempo, este tipo de compadrio se caracteriza por uma relação de mútua admiração entre padrinhos e afilhados, neutralizando em parte essa hierarquia através da noção de vizinhança estética e simbólica. Em ambos os casos analisados – de Paulinho da Viola e de Beth Carvalho –, a impressão que o apadrinhamento gera no público é de que há cumplicidade, ou seja, de que existe uma origem comum, uma intimidade compartilhada, o que por sua vez reforça ainda mais a relação do mercado com as estratégias e dinâmicas de sociabilidade nos ambientes amadores do samba. No caso da Velha Guarda da Portela e de Paulinho da Viola, é interessante notar que o padrinho é um integrante mais novo da agremiação e altamente reverente à música de seus afilhados que são músicos, na sua maioria, já mais velhos. Por este motivo, ele se torna um "padrinho que toma bênção"[66]. Situação semelhante ocorre entre Beth Carvalho e Zeca Pagodinho, pois o afilhado, mesmo tendo conquistado índices de consagração mercadológicos bem superiores aos de sua madrinha, segue reverenciando-a e ao mesmo tempo promovendo-a sistematicamente em seus *shows*. É como se, de certa maneira, ele invertesse esta relação hierárquica, apadrinhando sua madrinha também em certas ocasiões.

---

[66] No documentário *Meu tempo é hoje*, de Izabel Jaguaribe (2003), sobre Paulinho, o compositor Monarco é entrevistado e utiliza essa frase para caracterizar a relação entre Paulinho da Viola e a Velha Guarda da Portela. Aliás, em várias oportunidades podemos ver o guardião portelense reafirmar essa síntese.

Estes *padrinhos* e *madrinhas,* ao se fazerem presentes no mercado, instituem um eixo de atuação e de inserção profissional dos sambistas, revelando uma forma particular de administração da tensão e articulação entre o mundo do samba e o da indústria da música. O apadrinhamento constitui-se em uma *tradução*, para o âmbito do mercado, das estratégias de sociabilidade mais identificadas com o ambiente das rodas, onde não só a individualidade se manifesta de forma secundária, mas também onde se privilegia o compartilhamento de um conjunto de simbologias, visões de mundo e, principalmente, uma produção musical.

Considerações finais

Como foi possível atestar ao longo do texto, a relação entre apadrinhado e afilhados envolve um complexo jogo de obrigações e compensações, que ocorrem no ambiente social do mercado, no qual os meios de comunicação assumem um papel central, dando visibilidade a certas relações de troca. Por um lado, poder-se-ia afirmar que tanto Paulinho da Viola quanto Beth Carvalho – ao apadrinhar artistas e grupos –, em certo sentido, promovem a ressignificação de sua importância simbólica para o mundo do samba e ainda colaboram para ampliar a lucratividade do grupo de sambistas afilhados no mercado musical. Por outro lado, eles adquirem com isso elevado grau de respeitabilidade entre seus pares, além de se apresentarem publicamente como mediadores e profundos conhecedores desse meio sociocultural.

Demarcando essa origem comum – o vínculo comunitário das rodas –, a mediação realizada através de práticas sociais de compadrio nas rodas e no mercado reforça determinados elos identitários entre padrinhos e apadrinhados e, ao mesmo tempo, promove a articulação do samba no mercado musical. Desta forma, a comunidade de sentido do samba, fundada nos vínculos estético-afetivos do trabalho musical amador, é reiterada no ambiente profissionalizado do mercado, fortalecendo o sentimento de pertencimento e as estratégias de consagração e hierarquias entre os envolvidos.

A estratégia de mediação, portanto, desenvolvida no samba – através do apadrinhamento –, distingue-se da mediação usual dentro da indústria da música, sendo assumida com grande naturalidade. Evidentemente, a idéia de apadrinhar alguém na indústria do disco não chega a ser grande novidade, pois sempre se espera que produtores e outros profissionais do mundo da música "descubram" – apadrinhem – novos talentos. A diferença é que, no mundo do samba, a relação entre padrinho e afilhado, longe de ser questionada como uma prática que prejudica um sistema meritocrático (mais justo), é, na verdade, valorizada. É como se entre o padrinho e o apadrinhado houvesse quase uma relação de parentesco – linhagem – em que o afilhado é ajudado, mas está comprometido em alguma medida em dar continuidade ao trabalho do padrinho (continuidade a certo tipo de repertório, estilo, tratamento estético etc.). Em suma, é através da reafirmação pública do parentesco escolhido que se reforça o vínculo e a cumplicidade mercadológica entre padrinhos e afilhados.

A questão do apadrinhamento no mundo do samba, portanto, é vital hoje não só para uma compreensão mais clara da dinâmica das instâncias de consagração – na roda e no mercado – associadas a este gênero, mas também para um entendimento do lugar que ocupam o *passado* e a *tradição* (Hobsbawn e Ranger, 1984), ou melhor, a produção dos artistas consagrados no ofício musical dos novos sambistas.

Referências bibliográficas

BARBOSA, Livia. *O jeitinho brasileiro*. Rio de Janeiro: Campus, 1992.

BOURDIEU, Pierre. *La distinción. Criterio y bases sociales del gusto*. Madrid: Taurus, 1991.

CALABRESE, Omar. *A Idade Neobarroca*. Lisboa: Edições 70, 1988.

CERTEAU, Michel. *A invenção do cotidiano*. Petrópolis: Vozes, 1994.

CHARTIER, Roger. *A história cultural - entre práticas e representações*. Lisboa: Difel, 1987.

COUTINHO, Eduardo Granja. *Velhas histórias, memórias futuras: o sentido da tradição na obra de Paulinho da Viola*. Rio de Janeiro: Eduerj, 2002.

DA MATTA, Roberto. *A casa e a rua.* Rio de Janeiro: Ed. Guanabara Koogan, 1991.

DA MATTA, Roberto. *Carnaval, Malandros e Heróis.* Rio de Janeiro: Jorge Zahar, 1979.

DELEUZE, Gilles e GUATTARI, Felix. *Mil platôs. Capitalismo e esquizofrenia.* Rio de Janeiro: Ed. 34, vol. 1 e 2., 1995.

DUMONT, Louis. *O Individualismo.* Rio de Janeiro: Ed. Rocco, 1993.

FRITH, Simon. *Performing Rites: on the value of popular music.* Cambridge/ Massachusett: Havard University Press, 1998.

_____. "La industria de la música popular". In: FRITH, Simon e outros (orgs.). *La otra historia del Rock.* Barcelona: Ediciones Robinbook, pp. 53-86, 2006.

GARCIA CANCLINI, Néstor. *Consumidores e Cidadãos.* Rio de Janeiro: Ed. UFRJ, 1995.

_____. *Culturas híbridas.* São Paulo: Edusp, 1995.

HARDT, Michael; NEGRI, Antonio. *Multitud.* Barcelona: Debols!llo, 2004.

HERSCHMANN, Micael; KISHINHEVSKY, Marcelo. "A indústria da música brasileira hoje – riscos e oportunidades". In: FREIRE FILHO, João e JANOTTI JR., Jeder (orgs.). *Comunicação & música popular massiva.* Salvador, EDUFBA, pp. 87-110, 2006.

HOBSBAWM, Eric; RANGER, Terence. *A invenção das tradições.* Rio de Janeiro: Paz e Terra, 1984.

JANOTTI Jr., Jeder. "Mídia e Cultura Juvenil: das comunidades de sentido e dos grupamentos urbanos" in Anais da Compós 2003. Recife: Programa de Pós-Graduação em Comunicação da UFPE-Compós, pp.1-14, 2003.

MAFFESOLI, Michel. *O tempo das tribos.* 3ª ed., Rio de Janeiro: Forense Universitária, 1987.

MARTÍN-Barbero, Jesus. *Dos Meios às Mediações: comunicação, cultura e hegemonia.* Rio de Janeiro: Ed.UFRJ, 2001.

MAUSS, Marcel. "Ensaio sobre a Dádiva - forma e razão da troca nas sociedades arcaicas" in: *Sociologia e Antropologia.* São Paulo: EPU/Edusp, 1974 [1923-24].

MIRA, Maria Celeste. "Invasão de privacidade?" in: *Lugar Comum*. Rio de Janeiro: Nepcom-ECO/UFRJ, n. 5-6., pp. 45-65, 1998.

MOURA, Roberto M. *No princípio, era a roda*. Rio de Janeiro: Rocco, 2004.

NEGUS, Keith. *Géneros musicales y la cultura de las multinacionales*. Barcelona: Paidós, 2005.

PEREIRA, Carlos Alberto M. *Reiventando a tradição. O mundo do samba carioca: o movimento de pagode e o bloco Cacique de Ramos*. Rio de Janeiro: Doutorado defendido na Escola de Comunicação/UFRJ (mimeo), 1995.

SILVA, Marília Barbosa; OLIVEIRA FILHO, Arthur. *Cartola: os tempos idos*. Rio de Janeiro, Funarte, 1997.

SMIERS, Joost. "El copyright y el mundo no occidental. Propiedad creativa indebida." In: *Telos. Cuadernos de comunicación, tecnología y sociedad*. Madrid: Fundación Telefónica, 2004a, n. 61, outubro-dezembro (link: http://www.campusred.net/telos/articuloPerspectiva.-asp?idArticulo=3&rev=61, último acesso: 26 de maio de 2006).

SODRÉ, Muniz. *Samba, o dono do corpo*. Rio de Janeiro: Mauad, 1998.

STRAW, Will. "Systems of Articulation, Logics of Change: communities and scenes in popular music". In: *Cultural Studies*. Londres: Routledge, vol. 5, n. 3, pp. 361-375, 1991.

_____. "El consumo". In: FRITH, Simon e outros (orgs.). *La otra historia del Rock*. Barcelona: Ediciones Robinbook, 2006.

THORNTON, Sarah. *Club Cultures: Music, Media and Subcultural Capital*. Hanover & London: Weslyan University Press/University Press of New England, 1996.

TRAVANCAS, Isabel. "O livro no jornal" in: *Antropologia e comunicação*. Isabel Travancas e Patrícia Frias (orgs.). Rio de Janeiro: Garamond, 2003.

VIANNA, Hermano. *O Mistério do Samba*. Rio de Janeiro: Jorge Zahar Editor/Editora UFRJ, 1999.

Tecnologia e Processos Subjetivos

Memória das comunidades étnicas entre Tempo e Espaço

Mohammed ElHajji[67]

Este trabalho pretende tratar de um aspecto bastante peculiar da organização mnemônica das comunidades étnicas e sua relação com o substrato comunicacional inerente ao atual processo de globalização, principalmente na sua configuração tecnológica cada vez mais hegemônica. O nosso questionamento central diz respeito ao modo pelo qual deve ser apreendido e analisado o extraordinário fenômeno de proliferação de comunidades étnicas, culturais, nacionais (não estatais), confessionais, transculturais e/ou diaspóricas na internet. Ou seja, como se deve compreender a aparente transição das formas de enunciação da identidade étnica, de produção de seu ethos e de gestão de sua memória coletiva, do espaço físico para um outro *continuum* cognitivo de natureza predominantemente info-temporal.

Paradigma espacial

O primeiro termo do paradoxo que nos preocupa é relativo à suposta precedência do componente espacial na organização comunitária e na produção da identidade do grupo. O princípio, amplamente destaca-

---

[67] Doutor em Comunicação e professor do Programa de Pós-graduação em Comunicação da ECO-UFRJ.

do tanto pelos estudos sociológicos quanto antropológicos, pode ser sintetizado na afirmação de Michel Maffesoli, segundo o qual o espaço local seria o elemento fundador do *estar-junto* coletivo de toda comunidade de caráter cultural, étnico ou confessional; no molde da casa da infância que permanece "o paradigma de todas as raízes ou de toda busca de raízes" (1984: 54). O espaço seria, ao mesmo tempo, a matéria-prima de nossos referenciais mnemônicos e a o receptáculo que lhes dá forma, continuidade e coerência.

Pode-se falar até em aderência da memória coletiva do grupo ao espaço, no substantivo trabalho de construção da marca subjetiva individual e/ou comunitária. Nossos processos mnemônicos seriam acionados e desencadeados por signos espaciais externos que transformam gestos anódinos (como manusear um livro, visitar um monumento, caminhar pela praça) em atos simbólicos passíveis de reconstituir a experiência ritualística existencial do grupo de origem, enriquecê-la e religar (não é mais preciso lembrar que, etimologicamente, a religião é um modo de religar – *religare*) as gerações presentes e futuras às antepassadas.

Nesse sentido, os objetos familiares, o monumento, a praça pública ou o livro em cima da estante (mesmo ou, sobretudo, depois de lido) dialogam "proustianamente" conosco, impondo indiscutivelmente o espaço como a "realidade que dura" e a sua materialidade objetiva como prova inegável de nossa passagem no tempo. Razão pela qual Maurice Halbwachs insiste em que, para uma compreensão adequada da questão da memória coletiva, a nossa atenção deve ser voltada para o espaço físico material (espaço material / materialidade espacial). Aquele espaço "que ocupamos, por onde passamos, ao qual sempre temos acesso, e que, em todo o caso, nossa imaginação ou nosso pensamento é a cada momento capaz de reconstruir". É sobre ele que devemos fixar nosso pensamento, já que "nossas impressões se sucedem, uma à outra, nada permanece em nosso espírito, e não seria possível compreender que pudéssemos recuperar o passado, se ele não se conservasse, com efeito, no meio material que nos cerca" (1990: 143).

Volatilidade info-temporal

Ora (e é aqui que reside o segundo termo de nossa problemática), com as novas tecnologias de comunicação, cristalizadas na internet, as relações sociais, segundo autores como Virilio (1991), se encontram regidas por instâncias desprovidas da dimensão material espacial e inscritas na temporalidade vácua de uma difusão instantânea. Assim, ao contrário do livro material, na biblioteca virtual (na qual a relação espacial é substituída pela info-temporal), por exemplo, em vez de reconstituir a experiência ritualística existencial de enraizamento num determinado universo psicológico e imaginário, o sujeito se deixa simplesmente envolver numa esfera estética cognitiva abstrata, fruto da racionalidade tecnológica moderno-ocidental, sem relação obrigatória com o seu devir comunitário direto.

Em vez de constituir uma experiência mnemônica individual/coletiva singular, subtendida por uma estrutura simbólica imaginária historicamente construída, o ato social virtual se inscreve num "sistema operacional" técnico-tecnológico uniforme e indiferenciado, regido por uma instrumentalidade abstrata asséptica, purificada de todo ruído mnemônico ou ressonância memorial. Como se sabe, memória, na ordem informática vigente, não passa de um dispositivo de armazenamento (quantitativo) de informações unitárias, sem nexo semântico, social ou histórico obrigatório.

Não se trata de negar a possibilidade de produção de marcas e rastros existenciais tanto individuais quanto coletivos nesse plano literalmente plano, sem relevos identitários ou contrastes subjetivos. Mas há de se perguntar se a nova configuração cognitiva, de natureza a-espacial, constitui uma forma diferenciada de suporte à memória coletiva ou se está se estabelecendo algum tipo de sociabilidade que, na verdade, prescinde da memória coletiva no seu sentido tradicional.

O mesmo pode ser dito de todas as formas organizacionais virtuais (empresas *on-line*, cursos a distância, bate-papo etc.), o que, em termos giddenianos, significa "um enfraquecimento da profundidade psicológica" do sujeito e da coletividade, uma "ameaça à sua segurança ontológica" e equivale a um "seqüestro da sua experiência pessoal e comunitária", inclusive mnemônica memorial. Já que para Virilio, "doravante, as pessoas não podem ser separadas por obstáculos físicos ou distâncias temporais. Com a interface dos terminais de computadores e monitores de vídeo, as distinções entre aqui e lá não significam mais nada" (1991: 12).

A memória organizacional, neste contexto técnico-tecnológico, como se sabe, se apóia mais em sistemas computacionais info-temporais do que na experiência de seus agentes. Não há espaço (sem trocadilho fácil) para o exercício da subjetividade diferenciada ou a iniciativa fundada na vivência singular de cada um ou nas trocas informais dos membros da organização. O que não foi previsto no e pelo sistema (pelos conceptores, *designers* e programadores – os sacerdotes do ciberespaço) simplesmente não existe e não pode ser questionado ou respondido. Todo usuário dos equipamentos sociais atuais que se encontra na desconfortável posição de reclamante sabe o que isto significa. Algumas empresas proíbem até a consulta de documentos externos ou a individualização/socialização do ambiente de trabalho. A abstração e a absoluta uniformização são a regra de ouro global.

O global é, justamente, o principal imperativo desta violenta despersonalização do ato social e humano. Sem território geograficamente localizado, sem centro definido, sem pertinência nem pertencimento ou pertença possíveis da agência ou da instância, tanto o ato quanto o ator devem se tornar uniformes, sem caráter específico ou peculiaridade suscetível de causar algum atrito na "auto-estrada do futuro". Os atendentes telefônicos indianos das empresas americanas deslocalizadas passam por rigorosos treinamentos de ocultação de seu sotaque local de origem, produzindo assim um inglês perfeitamente a-espacial, sem história nem teor cultural específico, a não ser a cultura da não cultura, a cultura universal desprovida de ancoragem espacial determinada e apoiada na vivência mnemônica e memorial da coletividade.

De fato, a radical transformação existencial dessa emergente experiência significativa da condição humana reside na superação dos modos de vivência locais que constituem a perspectiva do espaço real pela nova esfera cognitiva hegemônica incorporada no imediato tempo-mundo absoluto e total. Já que o princípio motor da nova ordem tecno-social em expansão é a velocidade, fundamento inaugural que se traduz pela imposição de um tempo-mundo único e universal amnésico, e pela imediatez a-memorial dos modos de regulação das relações sociais e de produção.

Vale insistir que a revolução organizacional implicada pela vivência dessa velocidade exponencial supera de longe todas as mudanças estruturais experimentadas pela humanidade até hoje. Essa velocidade e seu correlato amnésico, negador de todo referencial histórico ou espacial perene, não são apenas fatores de mudança social ou política, mas, sim, uma mudança radical em si. A sua importância estrutural é constitutiva do sistema social, econômico e político global em curso de auto-instauração, e não uma qualidade externa que vem a ele se agregar *a posteriori*. A "faculdade" de esquecimento, de pasteurização da memória, se torna vital para a manutenção da margem de manobras psicológicas e (a-?) históricas necessárias para a nova máquina social, veloz, volátil e volúvel.

Interpelação teórica

Como se pode constatar, a questão das comunidades étnicas estabelecidas parcial ou exclusivamente na *web* constitui uma inevitável interpelação teórica e um incontornável questionamento de construtos epistemológicos bastante consensuais. É conhecido o corpo teórico (geralmente apoiado em abundantes pesquisas de campo) que vai no sentido da imprescindibilidade do quadro existencial espacial para a enunciação de qualquer subjetividade comunitária ou a preservação da identidade de todo grupo social – *a fortiori* no caso dos grupos e comunidades de caráter étnico! Reconhecidas são as teses relativas à suposta pregnância da memória espacial do grupo, à transmissão intergeracional de um *habitus* socioespacial e a uma noção elaborada pelo próprio autor, denominada homotetia psicospacial ou espaciosubjetiva que diz respeito à existência de uma equivalência entre planos da subjetividade do indivíduo ou do grupo e certas composições formais e espaciais incrustadas na sua memória coletiva.

Porém, teses relativas à convergência dos meios de comunicação sustentam que o processo de globalização, antes de ser econômico ou político, é de natureza info-temporal e tecno-organizacional, na medida em que a particularidade da época contemporânea reside na rearticulação das relações sociais e de produção em torno das novas tecnologias de comunicação. A especificidade dessas tecnologias, por sua vez, consistiria no manifesto deslocamento das instâncias de mediação política, econômica e social da dimensão espacial para a temporal, e a instituição do princípio de instantaneidade e de imediatez como base de regulação de nossa experiência significativa.

Assim, a globalização diria respeito ao modo de inscrição das relações de sentido num novo quadro conceptual, marcado por uma temporalidade tecnológica e informacional inédita, cujos desdobramentos estruturais não seriam apenas de ordem organizacional, mas antes civilizacional, comparáveis às mutações decorrentes da Renascença ocidental. O trabalho de edificação desta nova semiose se daria, principalmente, através das novas tecnologias e redes computacionais que prefiguram novas fronteiras, não mais físicas, mas, sim, eletrocognitivas ou cognicomputacionais, e uma nova esfericidade do mundo, não mais geométrica, mas, sim, epistemológica e cognitiva.

Por outro lado, não dispomos de subsídios teóricos claros capazes de apreender, analisar e explicar de modo convincente os mecanismos de elaboração de quadros mnemônicos coletivos (principalmente no caso comunitário étnico – confessional – nacional) virtuais e seu impacto sobre as formas de enunciação de subjetividades singulares e produção de identidades diferenciadas. Não conseguimos ainda superar o seguro paradigma espacial para desenhar estruturas simbólicas eficientes de sustentação das formas tradicionais de memória coletiva. Não podemos prever, por conseqüência, o que essas comunidades perdem e o que elas podem ganhar, em termos mnemônicos, com as novas formas organizacionais.

Mas não há como não perceber a gritante oposição (senão total incompatibilidade) entre as noções de tempo/espaço técnico eletrônico e social histórico e os seus desdobramentos mnemônicos a todos os níveis da vida comunitária. Mesmo que a *web* seja usada apenas como ferramenta complementar, como "simples" (sic!) meio de comunicação, não podemos nos contentar com uma abordagem positivista que prega ingenuamente a suposta neutralidade dos meios ou a sua simples instrumentalidade. Pelo contrário, nossos questionamentos devem ser direcionados no sentido de analisar as correlações sociais, políticas e históricas entre a utilização de uma determinada tecnologia (na condição de semiose) e as formas organizacionais e existenciais do grupo usuário e receptor. Não é necessário lembrar o papel do meio usado na modelagem do discurso e da realidade construída através dele!

A globalização das relações de sentido (práticas de organização simbólica, de produção social de sentido e de relacionamento com o real) se traduz, na verdade, pela ameaça de achatamento de todo relevo social ou cultural. A substituição dos "aí", "ali" e "lá" reais por um único e despótico "aqui" virtual, total, absoluto e generalizado, repetitivo e clônico, produz um mundo onde, no melhor dos casos, o outro não passa de "anacronismos do mesmo universalizado". A dinâmica da globalização que estamos vivendo é antes de tudo, como já destacamos, um processo de desespacialização (portanto, necessariamente amnésico) das relações sociais e de instauração progressiva de um tempo universal e despótico, que impede a multiplicação e a diversificação da experiência histórica em tempos locais e variados. A imediata conseqüência (lógica e até previsível) desta desordem semântica é a crescente tensão entre a vontade de enraizamento comunitário, característica dos particularismos étnicos e culturais, e a força centrípeta do abstrato universalismo mercantil. O que constitui, hoje, uma das principais linhas de ruptura tanto nas teorias sociais quanto nos próprios projetos existenciais de toda organização social.

Globalismo e localismos, de fato, são as duas faces do mesmo fenômeno e processo histórico que vem transformando as coordenadas político-econômicas e socioculturais de nossa realidade contemporânea.

Como se pode observar em todas as regiões do mundo, a dinâmica da globalização provocou e continua provocando reações abruptas, muitas vezes violentas, por parte das culturas e das identidades singulares ameaçadas pelo trator nivelador do "Pensamento Único" e "do Todo Mercado". Reações que vão dos mais cruéis e sangrentos enfrentamentos, até as mais diversas revoluções moleculares e estratégias micropolíticas de reterritorialização, reformulação e reapropriação de territórios existenciais e espaços públicos ou comunitários.

Com efeito, não há como ignorar que, ao mesmo tempo que assistimos à interconexão das diferentes partes do planeta no já real "sistema-mundo" e à transnacionalização de certos aspectos das culturas locais, se elevam vozes cada vez mais insistentes e mais sintonizadas para discordar da suposta inelutabilidade do processo e propor novos modos e novas modalidades de reenraizamento na diferença de seus respectivos "aqui e agora". Vemos assim, hoje, florescer em todo o mundo novas instâncias de produção de subjetividade e de enunciação das singularidades, cujo principal objetivo é resistir à força devassadora do "todo lugar" que, de tanto usar "lugares-comuns", se revela nada mais do que "lugar nenhum". Terra de ninguém onde a confusão só pode gerar a não-fusão, onde a identidade não passa de paralelismos distorcidos pela lente da onivisão, por falta de ângulo e de perspectiva particulares.

Pode-se até se perguntar, por exemplo, se a exacerbação e a radicalização das aspirações identitárias e comunitárias não devem ser entendidas como reflexos de resistência a esse processo de desespacialização das relações sociais devido à excessiva velocidade do curso da História. Já que sabemos que o principal objetivo dessas comunidades (principalmente de cunho religioso integrista ou fundamentalista) é, justamente, a restauração de um tempo memorial, um espaço ou um espaço-tempo eterno (divino ou ancestral) cujo sentido é direcionado rumo ao momento original fundador do mito primeiro e da primeira comunidade.

Se a resposta for positiva, como explicar, então, a corrida para o ciberespaço por parte desses mesmos grupos, histórica e psicologicamente movidos pela vontade gregária de (re)conquista do espaço fundador de seu *estar-junto* ancestral? Será que se trata de um simples modismo a instrumentalização de uma tecnologia que vem agregar funcionalidade e praticidade a um *modus operandi* complexo já existente? Ou será que o próprio estudo da memória coletiva e da identidade de grupo deve ser revisto à luz da irreversível hegemonia das novas tecnologias?

Questionamentos

É nesse contexto teórico geral de profunda assimetria paradigmática que se impõe a nós a problemática da (aparentemente) paradoxal presença de comunidades étnicas, culturais, nacionais (não estatais), confessionais, transculturais e/ou diaspóricas no mundo virtual. Surpreendentemente, são dezenas de milhares de endereços *web* entre *sites*, grupos de discussão e *chats* relacionados às mais diversas comunidades e minorias de natureza cultural, confessional, étnica ou nacional (não estatal) espalhadas pelo planeta (Ainos, Inuits, Bahais, Parsis, Peuls, Kurdos, Bascos, Armênios, Ciganos, Berberes, povos indígenas das Américas etc.)!

O que significa essa explosão identitária no mundo virtual? Será que se trata de um prelúdio à democracia universal racial *on-line*? Ou são, apenas, as primeiras faíscas da detonação global que está ameaçando a ordem sociopolítica (inter)nacional herdada da época moderna? A pletora de vozes clamantes da diferença expressa a emergência de uma esfera pública mundial onde os bens simbólicos podem ser trocados numa base igualitária e pluralista? Ou o incentivo da diversidade não passa de um sutil subterfúgio para reforçar a eterna meta-narrativa discursiva hegemônica? São numerosas as lições que podemos tirar desta exacerbação das identidades específicas e a proliferação de movimentos transnacionais de resistência cultural ou étnica.

A teoria da globalização, através de seus principais formuladores, não deixou de chamar a atenção sobre a correlação dialética existente entre o processo de globalização e a tendência generalizada de reterritorialização e de reenraizamentos locais, dinâmica definida como "*glocalismo*" por Robertson (1992), por exemplo. A mesma teoria é, com certeza, bastante prolixa quanto ao "iminente" enfraquecimento do Estado-Nação, sua "extinção" anunciada, o ressurgimento de antigos e arcaicos tribalismos e a formação de novas bacias de subjetividades emancipadas do peso afundante dos localismos. O papel das novas tecnologias de comunicação como base estrutural dessas transformações organizacionais também é, muitas vezes, lembrado, ainda que, a nosso ver, não responda a interrogações essenciais como as relativas à questão da memória coletiva e ao processo de desespacialização que ela enfrenta.

Assim, uma abordagem perspicaz não deve se limitar à análise das origens e/ou conseqüências dessas tensões culturais e identitárias no quadro sociopolítico geral da globalização ou no contexto civilizacional pós-moderno de deslegitimação de todas as grandes narrativas. Tampouco deve se contentar com um estudo restrito aos agrupamentos eletrônicos ou às chamadas comunidades virtuais típicas dos movimentos de Cibercultura (canais *IRCs*, por exemplo) sem ancoragem espacial.

Interessante seria a elaboração de uma ferramenta teórico-empírica capaz de apreender o problema conceitual do encontro entre paradigmas organizacionais de ordens divergentes e até opostas. Ou seja, a utilização de técnicas e tecnologias cuja principal característica é o despejo das diferentes categorias de relações sociais de seu quadro concreto espacial, e o seu remanejamento na abstrata e movediça estrutura infotemporal, justamente pelos grupos mais sensíveis à configuração espacial, na qual eles não apenas se inscrevem formal e materialmente, mas, antes de tudo, projetam seu *ethos* e ordenam seu ser-no-mundo.

Esse fenômeno nos obriga a reexaminar e a tentar redefinir o próprio conceito de comunidade à luz de teorias mais atentas a essas novas temporalidades e espacialidades, aos novos modos de produção de subjetividade, aos agenciamentos maquínicos, às possíveis linhas de fuga e às dinâmicas de desterritorialização e reterritorialização dentro de espaços tanto políticos e econômicos quanto subjetivos e existenciais. Tal análise, porém, não deve escamotear a questão mnemônica dos grupos minoritários étnicos, culturais, confessionais e nacionais-não-estatais ou considerá-la secundária para a compreensão do fenômeno global. Pelo contrário, a questão da memória coletiva, sua relação com o espaço e as conseqüências de sua imersão no ciberespaço devem servir de norte para a apreensão e o possível entendimento do funcionamento dos mecanismos identitários na atualidade.

Referências bibliográficas

APPADURAI, A. *Global Ethnoscapes: Notes and Queries for a Transnational Anthropology*. Santa Fé: School of American Research Press, 1991.

AUGÉ, M. *Pour une Anthropologie des Mondes Contemporains*. Paris: Aubier, 1994.

BALIBAR, E. & WALLERSTEIN, I. *Race, Nation, Classe: les Identités Ambigües*. Paris: La Découverte, 1988.

BHABHA, H. K. *O Local da Cultura*. Belo Horizonte: Editora UFMG, 1998.

BONHOEFFER, D. *De La Vie Communautaire*. Paris: D et N, 1968.

BOURDIEU, P. *A Economia das Trocas Simbólicas*. São Paulo: Perspectiva, 1974.

BRANDÃO, C. R. *Identidade Étnica: Construção da Pessoa e Resistência Cultural*. São Paulo: Brasiliense, 1986.

CUNHA, Manuela. Etnicidade: da Cultura Residual mas Irredutível. *Cultura e Política*, n. 1, São Paulo, 1979.

FEATHERSONE, M. (ed.) *Global Culture: Nationalism, Globalization and Modernity*. London: Sage, 1990.

GIDDENS, A. *Les Conséquences de la Modernité*. Paris: L'Harmattan, 1994.

HALBWACHS, M. *A Memória Coletiva*. São Paulo: Vértice, 1990.

LÉVY, P. *Cibercultura*. Rio de Janeiro: Editora 34, 1997.

MAFFESOLI, M. *A Conquista do Presente*. Rio de Janeiro: Rocco, 1984.

MEYROWITZ, J. *No Sense on Place: The Impact of Electronic Media on Social Behavior.* New York: Oxford University Press, 1985.

OLIVEIRA, C. R. *Identidade, Etnia e Estrutura Social.* São Paulo: Pioneira, 1976.

PAIVA, R. *O Espírito Comum.* Rio de Janeiro: Vozes, 1988.

RHEINGOLD, H. *Les Communautés Virtuelles.* Paris: Adisson-Wesley, 1995.

ROBERTSON, R. *Globalization: Social Theory and Global Culture.* Londres: Sage, 1992.

SODRÉ, M. *O Terreiro e a Cidade.* Petrópolis: Vozes, 1988.

VIRILIO, P. *Vitesse e Politique.* Paris: Galilée, 1977.

WATERS, M. (ed.) *Globalization.* New York: Routledge, 1995.

WILSON, R.; Dissanayake, W. (eds.) *Global/Local.* London: Duke U.P., 1996.

O show da vida íntima na internet: blogs, fotologs, videologs, orkut e webcams

Paula Sibilia

> *Depois, quando aprendi a ler, devorava os livros, e pensava que eles eram como árvores, como bicho, coisa que nasce. Não sabia que havia um autor por trás de tudo. Lá pelas tantas eu descobri que era assim e disse: "Isso eu também quero". [...mas...] Escrever memórias não faz meu estilo. É levar ao público passagens de uma vida. A minha é muito pessoal.*
>
> Clarice Lispector

---

[68] Trabalho apresentado ao Grupo de Trabalho "Comunicação e Sociabilidade", coordenado pela Prof. Dra. Janice Caiafa, do XV Encontro da Compós, na Unesp, Bauru, SP, em junho de 2006.

[69] Professora do Departamento de "Estudos Culturais e Mídia" do Instituto de Artes e Comunicação Social da Universidade Federal Fluminense (Iacs-UFF). Graduou-se em Comunicação e em Antropologia na Universidade de Buenos Aires (UBA), onde também exerceu atividades docentes e de pesquisa na Faculdade de Ciências Sociais. Em 2002, concluiu o Mestrado em "Comunicação, Imagem e Informação" na UFF, publicando o livro *O Homem Pós-Orgânico: corpo, subjetividade e tecnologias digitais* (Ed. Relume Dumará), também lançado em espanhol sob o título *El Hombre Postorgánico* (Ed. Fondo de Cultura Económica). Em 2006, defendeu sua tese de Doutorado em "Saúde Coletiva" na Universidade do Estado do Rio de Janeiro (IMS-Uerj), e em 2007 concluiu o Doutorado em "Comunicação e Cultura" da Universidade Federal do Rio de Janeiro (ECO-UFRJ).

> *Acho bom aparecer nessas revistas de celebridades... O dia mais triste da minha vida será aquele em que os fotógrafos virarem as costas para mim. Vou achar que não sou mais uma pessoa querida, não sou mais interessante.*
>
> Vera Loyola

A internet está dando à luz a um conjunto de novas práticas "confessionais": milhões de usuários de todo o planeta se apropriam de dispositivos como os *blogs, fotologs* e *videologs*, as *webcams* e o *orkut*, utilizando-os para expor publicamente sua intimidade e suas vidas privadas. Essas novidades parecem manifestações de um processo mais amplo, que as abrange e as torna possíveis: certas transformações nas subjetividades e nos "modos de ser" que estão ocorrendo atualmente, com fortes implicações no campo da sociabilidade.

Para começar, então, convém esboçar algumas interrogações: estas novas formas de expressão e comunicação — *blogs, fotologs, videologs, webcams, orkut* — e os discursos que delas resultam deveriam ser consideradas *vidas* ou *obras*? Todos esses textos auto-referentes e essas cenas da vida privada que agitam as telas interconectadas pela rede mundial de computadores mostram a vida de seus autores ou são obras de arte produzidas pelos novos artistas da era digital? É possível que sejam, ao mesmo tempo, vidas *e* obras? Ou seriam, talvez, algo completamente novo? Apesar das muitas dúvidas, cabe indagar se todas essas palavras e essa aluvião de imagens não fazem nada mais (e nada menos) do que exibir fielmente a *realidade* ou se, ao contrário, criam e expõem diante do público um *personagem* fictício. Em síntese: são as obras de um artista — encarnam, portanto, uma nova forma de arte e um novo gênero de *ficção* — ou se trata de documentos verídicos acerca de *vidas reais*?

O *eu* auto-bio-gráfico: autor, narrador e personagem

Uma primeira aproximação leva a definir estas novas práticas como pertencentes aos gêneros autobiográficos, uma categoria artística (e, sobretudo, literária) que possui uma longa história e contempla uma diversidade de expressões: dos álbuns e memórias às cartas e diários íntimos. Mas essa definição tampouco é simples, pois não há nada inerente às características formais ou ao conteúdo desses textos que permita diferenciá-los claramente das obras de ficção: alguns romances copiam suas formas (como as sagas epistolares ou as "falsas autobiografias"), e são incontáveis as ficções que incorporam eventos realmente vivenciados por seus autores. A especificidade dos gêneros autobiográficos, portanto, deve ser procurada fora dos textos: no *mundo real*, em suas relações com os próprios autores e leitores. Foi exatamente isso o que descobriu Philippe Lejeune na década de 1970, pois a esse crítico francês corresponde a definição mais usual desses gêneros: as obras autobiográficas se distinguem porque existe um "pacto de leitura" peculiar que as consagra como tais. Em que consiste tal pacto? Na crença, por parte do leitor, de que haveria uma coincidência entre as identidades do **autor**, do **narrador** e do **protagonista** da história que está sendo contada. Em suma: se o leitor *acredita* que o autor, o narrador e o personagem principal de um relato são a mesma pessoa, então se trata de uma obra autobiográfica.

Os objetos aqui estudados parecem responder a tal postulado: certos usos "confessionais" da internet seriam manifestações renovadas dos velhos gêneros autobiográficos. O *eu* que fala, que se narra e se mostra incansavelmente na *web* é tríplice: é ao mesmo tempo **autor**, **narrador** e **personagem**. Mas, além disso, não deixa de ser uma *ficção*, pois, apesar de sua contundente auto-evidência, é sempre frágil o estatuto do *eu*. Trata-se de uma unidade ilusória construída na linguagem, a partir do fluxo caótico de cada experiência individual. No entanto, é um tipo bem especial de ficção, pois, além de se desprender do magma *real* da própria existência, acaba provocando um forte efeito no mundo: nada menos que o *eu* de cada um. Um *efeito-sujeito*. É uma ficção necessária, afinal, pois somos feitos desses relatos: eles são a matéria que nos constitui como sujeitos. A linguagem nos dá consistência e relevos próprios, pessoais, singulares; e a substância que resulta desse cruzamento de narrações se (auto)denomina "eu". Em suma, a experiência de si como um *eu* se deve à condição de narrador do sujeito, alguém que é capaz de organizar a sua experiência na primeira pessoa do singular. Mas tal sujeito não se *expressa* unívoca e linearmente através de suas palavras; ele, de fato, se *constitui* na vertigem desse córrego discursivo.

Nas narrações auto-referentes — como as que estão na mira desta pesquisa — a experiência da própria *vida* adquire forma e conteúdo, ganha consistência e sentido, enquanto vai se cimentando ao redor de um determinado *eu*. Rimbaud já o enunciara de uma forma tão diáfana como enigmática: "eu é outro". Desde aquele longínquo ano de 1871, em que essas famosas palavras foram proferidas pela primeira vez, desdobraram-se em inúmeras reverberações até cristalizar em aforismo. O poeta francês tinha então 17 anos de idade, e a internet estava muito longe de ser sequer imaginada; mesmo assim, quase petrificada no mármore do clichê, essa misteriosa frase ainda consegue evocar a índole sempre esquiva e múltipla desse sujeito gramatical: *eu*, a primeira pessoa do singular.

Mas se o **eu** é um *narrador-narrado*, o que é a **vida**? Assim como seu protagonista, a vida também possui um caráter eminentemente narrativo. Pois a experiência vital de cada sujeito é um relato que só pode ser pensado e estruturado como tal, dissecado na linguagem. Porém, assim como ocorre com seu personagem principal, essa narração não *representa* simplesmente a história que se tem vivido, mas ela a *apresenta* e de alguma maneira também a *realiza*, concede-lhe consistência e sentido, delineia seus contornos e a constitui. Neste caso foi Virginia Woolf quem o expressou maravilhosamente, enquanto vertia sua seiva escaldante nas páginas do seu diário íntimo: "É curioso o escasso sentimento de viver que tenho quando meu diário não recolhe o sedimento". Algo semelhante ocorre com as fotografias, que registram certos acontecimentos da vida cotidiana e os congelam para sempre em uma imagem fixa: não é raro que a foto termine engolindo o referente, para ganhar ainda mais *realidade* do que aquilo que em algum momento deveras aconteceu e foi fotografado. Do mesmo modo, também as palavras que tecem a minuciosa escrita autobiográfica parecem exalar um poder mágico: não só testemunham, mas também organizam e inclusive concedem *realidade* à própria experiência. Tais relatos tecem a própria vida; de alguma maneira, a *realizam*.

Epidemia autobiográfica: fascínio e irrelevância da "vida real"

É notável a expansão das narrativas biográficas no mundo contemporâneo; não só na internet, mas nos mais diversos meios e suportes. Uma intensa "sede de realidade" tem eclodido, um apetite voraz que incita ao consumo de vidas alheias e *reais*. Os relatos desse tipo recebem grande atenção da mídia e do público mundial, conquistando um terreno antes ocupado de maneira hegemônica pelas histórias de *ficção*. Além desse incremento, ao efetuar uma rápida comparação com o que ocorria pouco tempo atrás, destacam-se algumas peculiaridades nos relatos biográficos que hoje proliferam.

Por um lado, o foco do interesse foi desviado, abandonando gradativamente as "figuras ilustres" e as "vidas exemplares" ou "heróicas" para se dirigir às **pessoas comuns**, sem desprezar a busca daquilo que toda figura extraordinária também tem de "comum". Por outro lado, há um deslocamento em direção à **intimidade**, ou seja, àqueles âmbitos da existência que antes eram conhecidos de maneira inequívoca como *privados*. Enquanto os limites do que se pode dizer e mostrar vão se alargando, a esfera da intimidade se exacerba sob a luz de uma **visibilidade** que se deseja total. De maneira concomitante, aqueles âmbitos tradicionalmente conhecidos como *públicos* vão se esvaziando e são tomados pelo silêncio.

Mas há outras transformações igualmente inquietantes. Os relatos que nos constituem se distanciam dos modelos literários que imperaram ao longo da era industrial: nossas narrativas vitais abandonam as páginas dos romances clássicos e dos folhetins. Esvaem-se, aos poucos, aquelas exalações de palavras plasmadas no papel, aquela infinidade de mundos fictícios que tanto alimentaram a produção de subjetividades nos últimos séculos, oferecendo aos ávidos leitores um frondoso manancial de identificação e inspiração para a construção de si. Enquanto a leitura de contos e romances vai declinando em todo o planeta,[70] a inspiração identificatória para os devires subjetivos parece emanar de outras fontes: das telas que invadem todos os cantos, com suas insistentes imagens cinematográficas, televisivas e publicitárias.[71] Por isso, hoje a **vida** parece muito com um **filme**. Até mesmo os episódios e os gestos cotidianos mais minúsculos revelam certo parentesco com as cenas dos videoclipes e das publicidades. Ou, pelo menos, parece desejável que assim seja: a própria vida como um filme da moda, com muita ação e *estilo*.

Mas não se trata de meras "evoluções" ou adaptações práticas aos meios e tecnologias que apareceram nos últimos anos. Somando todas essas pequenas mudanças e agrupando-as sob uma nova lógica, o que está ocorrendo ganha o perfil de uma verdadeira mutação: em nosso espetacularizado século XXI, o jogo de espelhos complicou-se inexoravelmente. Em vez de reconhecer na **ficção** da tela (ou da folha

---

[70] Segundo uma pesquisa divulgada em julho de 2004, a porcentagem de adultos que lêem obras literárias nos EUA passou de 56,9% em 1982 para 46,7% em 2002. A maior diminuição (28% nos últimos dez anos) ocorreu entre os jovens, devido ao "uso elevado de uma variedade de meios eletrônicos". O relatório conclui que "nessa velocidade, esse tipo de atividade tende a desaparecer em meio século". Cf. "A leitura caminha para seu fim nos EUA". *Folha de S. Paulo*. Caderno "Mais!". São Paulo, 25/07/04. http://www.arts.gov.

[71] "Além de ser a atividade dominante nos momentos de lazer, ver televisão é a terceira atividade humana padronizada mais habitual nos Estados Unidos", depois de trabalhar e dormir. *Folha de S.Paulo*. Caderno "Mais!". São Paulo, 01/08/04. O Brasil é uma das nações do mundo cujos habitantes consomem mais horas de televisão por dia; além disso, 43% das crianças brasileiras nunca lêem livros. MARANHÃO, Magno. "Televisão: uma realidade, não a realidade". *Jornal do Brasil*. Rio de Janeiro, 02/03/2005.

impressa) um reflexo da nossa **vida real**, cada vez mais avaliamos a própria vida "segundo o grau em que ela satisfaz as expectativas narrativas criadas pelo cinema", como insinua Neal Gabler em seu provocador estudo sobre os avanços do entretenimento e da lógica do espetáculo (1999: 221). Por isso não surpreende que os sujeitos contemporâneos adaptem os principais eventos de suas vidas às exigências da câmera, seja de vídeo ou de fotografia, mesmo que o aparelho concreto não esteja presente (inclusive – poderia adicionar um observador mordaz – porque nunca se sabe se *você está sendo filmado*). Assim, a espetacularização da intimidade cotidiana tornou-se habitual, com todo um arsenal de técnicas de estilização da própria personalidade e das experiências vitais para "ficar bem na foto". As receitas mais efetivas emulam os moldes narrativos e estéticos da tradição cinematográfica, televisiva e publicitária.

Nesse novo contexto, o *eu* não se apresenta apenas ou principalmente como um *narrador* (poeta, romancista ou cineasta) da epopéia de sua própria vida, mas como um *personagem* da mídia audiovisual. Esse personagem tende a atuar como se estivesse sempre diante de uma câmera, disposto a se exibir em qualquer tela. Embora as formas autobiográficas se multipliquem hoje em dia, sugerindo uma comparação fácil com o furor de escrever diários íntimos (que no século XIX impregnou a sensibilidade burguesa e conquistou legiões de homens, mulheres e crianças),[72] um detalhe importante acompanha o trânsito do segredo e do pudor que envolvia tais práticas, em direção ao exibicionismo escancarado que irradiam estas novas versões.[73]

---

[72] Sobre o auge dos diários íntimos no século XIX, ver CORBIN, Alain; PERROT, Michelle. "El secreto del individuo". In: ARIÈS, Philippe; DUBY, Georges. *Historia de la vida privada*, v. 8. Madri: Taurus, 1991; p. 121-203; e GAY, Peter. "Fortificación para el yo". In: *La experiencia burguesa, de Victoria a Freud*, v. 1. México: FCE, 1992; p. 374-426.

[73] Para uma comparação entre os diários íntimos tradicionais e os gêneros autobiográficos da *web*, cf. SIBILIA (2003) e MEIRE CARVALHO DE OLIVEIRA, Rosa. "Diários públicos, mundos privados: diário íntimo como gênero discursivo e suas transformações na contemporaneidade". Dissertação de Mestrado, UFBA, 2002.

Ao passar do clássico suporte de papel e tinta para a tela eletrônica, muda também a subjetividade que se constrói nestes novos gêneros autobiográficos. Aquilo que entre os participantes dos *reality shows* ocorre de maneira caricaturesca e deturpada pelo exagero — essa construção de si como um personagem estereotipado, por meio de recursos performáticos e adereços técnicos — replica-se no "show da realidade" cotidiana: os sujeitos contemporâneos se autoconstroem como personagens *reais* porém ao mesmo tempo *ficcionalizados* de suas próprias vidas/filmes.

O que significa tudo isto? Haveria uma espécie de *mentira*, uma deplorável falta de autenticidade nas construções subjetivas atuais? Teria se generalizado o uso de máscaras que ocultam alguma *verdade* fundamental, algo mais *real* que estaria por trás dessa imagem bem construída, porém fatalmente *falsa* ou *fictícia*? A resposta alberga uma complexidade que excede um simples sim ou não, porque as relações entre verdade e mentira, ficção e realidade, essência e aparência, verdadeiro e falso — que nunca foram simples — também se complicaram.

O autor: um "tirano" que nasce, morre e ressuscita

Cabe aqui um breve parêntese histórico. Convém lembrar que na Idade Média não existia a mera idéia de "personalidade artística", com sua exaltação da originalidade individual do autor plasmada em suas obras de arte, pois a função do artista consistia em copiar — de uma maneira sempre condenada à imperfeição — a beleza da obra divina. Sua missão não era *criar* algo novo, mas apenas *imitar* o mundo já existente, e tentar fazê-lo da forma mais neutra possível. É por isso que muitas obras medievais são anônimas. A concepção do artista como um gênio movido pela força espontaneamente criadora de sua personalidade só iria surgir na primeira metade do século XIX. Precisamente, quando o artista romântico se constituiu como uma figura *especial* com uma personalidade *singular*: alguém radicalmente distinto das demais pessoas; um ser *inspirado*, com uma individualidade marcante e uma opulenta "vida interior" que constituía a fonte da sua arte. Assim foi se instaurando uma relação direta e necessária entre a personalidade do artista e sua obra. Pois a **personalidade** daquele capaz de *criar* passou a se tornar um valor em si, muitas vezes em detrimento da **obra** de fato criada, passando a predominar sobre ela com um grau de insistência crescente. Foi assim que nasceu uma maneira artística de "olhar para dentro de si" que não parece ter existido nas épocas de Leonardo ou de Homero, e que foi primorosamente burilada nos últimos dois séculos da história ocidental. Com ela emergiu a figura do **autor**, aquele que se reivindica como *criador* de um universo: sua **obra**. Essa categoria jurídica também implica uma idéia de propriedade legal sobre o objeto criado: toda obra é um produto, uma **mercadoria**.

Além do seu nascimento, a "morte do autor" também foi um assunto bastante discutido algumas décadas atrás. Em certo sentido, porém, essa problemática hoje parece algo anacrônica. Talvez o próprio Roland Barthes, um de seus arautos mais entusiastas, forneça a chave capaz de explicar o retorno triunfante daquele "tirano", poucos anos depois de sua morte tão copiosamente anunciada. Em 1968, o crítico francês concluía assim seu famoso ensaio intitulado *A morte do autor*: "Para devolver à escrita o seu devir, é preciso inverter o seu mito: o nascimento do leitor tem de pagar-se com a morte do Autor". Mas as coisas têm mudado bastante: agora é o próprio **leitor** que parece agonizar, e numa contrapartida não isenta de ironia o mito do **Autor** que ressuscita com todos os ímpetos.

O argumento estatístico é categórico: nos Estados Unidos (um dos dois países com maiores índices de leitura do mundo, junto com a França), nos últimos dez anos perderam-se 20 milhões de "leitores em potência", mas a quantidade de escritores aumentou quase 30%, passando de 11 para 14 milhões.[74] Algo semelhante parece estar ocorrendo

---

[74] "Americanos afastam-se dos livros". *Jornal do Brasil*, Caderno Idéias. Rio de Janeiro, 25/9/2004. http://www.arts.gov.

num país com um perfil tão diferente como o Brasil.⁷⁵ Enquanto o total de livros vendidos aqui permaneceu idêntico na última década — denotando certa estabilidade na quantidade de leitores, apesar do aumento da população e da diminuição do analfabetismo — dobrou-se o número de títulos lançados por ano, sugerindo um incremento equivalente da diversidade de autores.⁷⁶

Mas não é necessário recorrer à crueza das cifras: com boa parte da parafernália midiática voltada para a estetização da personalidade artística, a figura do **autor** parece estar mais viva do que nunca. Paradoxalmente, a ameaça de morte não paira apenas sobre o **leitor**, mas também sobre uma velha companheira de ambos: a **obra**. Graças a todo o arsenal midiático — com sua capacidade de fabricar *celebridades* e satisfazer a "sede de vidas reais" do público — estaria se deslocando para a figura do artista aquela velha "aura" que Walter Benjamim examinara como um atributo inerente a toda obra de arte, já fatalmente acuada em sua análise de 1936, devido aos avanços das técnicas de reprodução mecânica e à suposta desvalorização ou desaparição do "original". Essa hipertrofia da figura do autor estilizada na mídia, que desloca a obra para um segundo plano e chega inclusive a justificar sua ausência, exprime-se muito bem nos gêneros autobiográficos da *web*.

---

⁷⁵ Uma nação que ostenta índices elevados de analfabetismo (20,1% em 1991; 13,6 % em 2001), e na qual 76% do resto da população correspondem à categoria de "analfabetos funcionais". É pequena, portanto, a parcela dos brasileiros que constitui público leitor de livros: 26 milhões de pessoas. CARRERO, Rodrigo. "Um país de poucas letras". *Continente Multicultural*, n. 29, Recife, maio 2003. p. 14-23. Em uma coincidência que não seria prudente atribuir ao mero acaso, o Brasil é o país que possui mais usuários de *fotologs* (56%) e do sistema *Orkut* (62%), superando amplamente todos os demais.
⁷⁶ Segundo a Câmara Brasileira do Livro, em 1991 foram editados 22.490 novos títulos e vendidos 290 milhões de livros, enquanto em 2001 houve 40.900 lançamentos e 299 milhões de exemplares vendidos. Cf. CARRERO, op. cit.

Confissões na internet:
uma proliferação de *artistas* sem *obra*?

Os autores de *blogs* e outros gêneros confessionais parecem ótimos exemplos dessa nova classe em expansão: os "artistas sem obras". Talvez todas essas imagens auto-referentes e esses textos intimistas que hoje atordoam as telas tenham uma meta prioritária: permitir que seus *autores* se tornem *artistas* — ou melhor: *celebridades*. Essas novas formas de expressão e comunicação seriam uma mera desculpa para que os usuários da internet (entendidos como "qualquer um" ou "gente comum") possam criar e desenvolver à vontade aquilo que seria sua principal e verdadeira **obra**, isto é: sua **personalidade**.

Um indício que levaria a apoiar esta perspectiva é que tanto os textos quanto as imagens desses novos gêneros confessionais costumam não ter valor artístico no sentido moderno. Do ponto de vista estético, costumam ser inócuos. Embora a internet tenha se convertido em uma fértil ante-sala para a publicação de livros de todos os tipos e para lançar ao mercado novos autores, também é inegável que abundam as críticas impiedosas sobre a falta de competência literária nos "confessionários" da internet. Trata-se de uma escrita com fortes marcas de oralidade, que não remete a outros textos nem se apóia em parâmetros tipicamente literários ou letrados, mas abunda em referências à cultura de massas e ao mercado de consumo. Um exemplo é o "perfil" padrão que costuma descrever os autores-narradores-personagens: uma lista de discos e filmes, além das marcas dos produtos que lhes agradam em áreas como vestuário e alimentação.

Apesar da ênfase na *interatividade* — e da importância dos comentários deixados pelos visitantes dos *blogs* — estas novas **obras** autobiográficas não parecem exigir a legitimação dos **leitores** para consumar a sua existência. Em meados de 2004, havia 8,8 milhões de *blogs* confessionais, mas a quantidade de leitores não chegava a duplicá-los: 14 milhões.[77] Talvez estes dados estejam indicando algo relevante: para

---

[77] "Gente é para brilhar". *Folha de S. Paulo*, Caderno FolhaInformática. São Paulo, 14/07/2004.

além da qualidade da obra, não é necessário que esta seja realmente lida. Basta que se constate a sua existência e, sobretudo, que seja construída a figura do **autor**. Esta seria uma função primordial dos comentários interativos: confirmar a subjetividade do autor, que só pode ser construída como tal diante do espelho legitimador do olhar alheio. Nesse gesto, o autor deve ser reconhecido como o portador de algum tipo de singularidade aparentada com a velha "personalidade artística". Para ter acesso a tão prezado fim, a **obra** é um elemento importante, mas de segunda ordem, pois o que realmente importa é a *vida* do **autor** e sua personalidade: seu *estilo* como **personagem**.

Só é *real* o que aparece na tela: o fetichismo das celebridades

No século XIX, o mundo ocidental fervilhava de relatos. Os romances, as cartas e os diários íntimos vivenciavam seu esplendor, bem como os escritores e leitores. Naquela época, também irradiava a subjetividade moderna delineada sob a hegemonia burguesa; um modo de ser cinzelado à sombra da personalidade artística dos românticos, dotado de uma opulenta "vida interior" e de uma história própria que o alicerçava. Em um mundo como esse, tudo parecia existir para ser contado num livro, de acordo com a célebre expressão de Stéphane Mallarmé. Ou, como teria dito outro poeta, o inglês Coleridge: "Não importa que vida, por mais insignificante que seja... se ela for bem narrada, é digna de interesse". Pois o mero fato de *narrar bem* era a chave mágica que permitia tornar extraordinária qualquer vida, por insignificante que ela fosse na *realidade*. Nesse contexto já longínquo, seguindo um caminho inaugurado no século XVI pelos pioneiros *Ensaios*, de Montaigne, os indivíduos contavam sua própria história e construíam um *eu* no papel para fundar a sua especificidade, para se afirmar nas próprias diferenças individuais. Não se trata mais, portanto, daquela personalidade ilustre que se narra para preservá-la na posteridade, como ocorrera no Renascimento: aqui narra-se para *ser* alguém extraordinário.

Já os tempos que correm são bem menos românticos, e as coisas tornaram a mudar. Não é casual que agora, em vez de parecer que **tudo existe para ser contado num livro,** como na época de Mallarmé, cresce a impressão de que **só ocorre aquilo que é exibido numa tela.** Não é mais necessário que a vida em questão seja extraordinária (como era o caso das biografias renascentistas) e tampouco é um requisito imprescindível que ela seja bem narrada (como exigiam os ímpetos românticos). Porque agora a tela, ou a mera **visibilidade,** é capaz de conceder um brilho extraordinário à vida comum recriada no rutilante espaço midiático. São as lentes da câmera e os holofotes que *criam* e dão consistência ao *real,* por mais anódino que seja o referente ao qual os *flashes* apontam: eles lhe concedem sua aura. Por isso, a mídia apregoa que agora "qualquer um" pode ser famoso, o que não deixa de ser verdade. E ainda, tanto os genuínos famosos de outrora quanto os de hoje em dia são resgatados em seus papéis de "qualquer um": são festejados nas telas e em outros suportes com esplendor midiático por serem "comuns". Assim, exibe-se e ficcionaliza-se uma intimidade que, ainda sendo banal — ou talvez precisamente por isso —, resulta fascinante sob o olhar alheio.

É por causa disso que as "vidas reais" contemporâneas devem ser estetizadas como se estivessem sempre na mira dos *paparazzi.* Para ganhar peso, consistência e inclusive existência, a própria vida deve ser estilizada e ficcionalizada como se pertencesse ao protagonista de um filme. Cotidianamente, as pessoas/personagens são enfeitadas e recriadas com recursos ficcionalizantes. Não é tão difícil, pois a mídia oferece um farto catálogo de identidades descartáveis para que o público as emule: basta escolhê-las, copiá-las, usá-las e logo descartá-las para substituí-las por outras. Um complicado jogo de espelhos com os personagens mediatizados dispara processos de identificação efêmeros e fugazes, que promovem as inúmeras vantagens de se reciclar regularmente a própria personalidade.

Tudo começou com o cinema, uma espécie de "força expedicionária" que, segundo o mencionado Neal Gabler, "foi enchendo a cabeça do público de modelos a apropriar, imbuindo-o de um sentido bem mais profundo do que qualquer pessoa do século XIX poderia ter tido de como as aparências eram importantes para produzir o efeito desejado"

(1999: 187). No mundo globalizado do século XXI, animado por uma cultura que costuma desdenhar toda pergunta pelas causas profundas para focalizar na produção de efeitos no aparelho perceptivo alheio, o mercado das **aparências** e o culto à **personalidade** atingem dimensões jamais imaginadas. O fenômeno saiu do cinema para abarrotar todas as telas, inclusive as dos ubíquos telefones celulares.

A popularização das tecnologias e mídias digitais contribuiu para concretizar esses sonhos de auto-estilização imagética, permitindo registrar todo tipo de cenas da vida privada com facilidade, rapidez e baixo custo, além de inaugurar novos gêneros de expressão e canais de divulgação. Os *blogs*, *fotologs*, *videologs* e as *webcams* são apenas algumas dessas novas estratégias, assim como os serviços do *Orkut* e de *sites* como o *YouTube*[78] e outras incontáveis propostas que todos os dias nascem e se reproduzem no ciberespaço. Eis a boa notícia que por toda parte ecoa: agora podemos lançar mão dessas novas possibilidades para escolher e encarnar o personagem que queremos ser, a qualquer momento e sem muito compromisso. Há casos extremos desta tendência, como os que se submetem a violentas cirurgias plásticas para "parecer-se com seus ídolos" e os que se inscrevem nos *reality shows* que vendem tal promessa.[79] Essa tendência preanuncia a possibilidade de aplicação cosmética do polêmico transplante de rosto, um procedimento que demorou a ser praticado apesar de ter sido anunciado como tecnicamente viável há vários meses, devido a "problemas éticos e espirituais" ligados ao fato de que o rosto *ainda* está fortemente vinculado à idéia de uma identidade inalienável de cada sujeito.[80]

---

[78] Promovido sob o slogan "*Broadcast Yourself*", este serviço que permite expor vídeos e filmes caseiros gratuitamente na internet tem conquistado um sucesso estrondoso em pouquíssimo tempo: http://www.youtube.com.
[79] Cf. FELDMAN, Ilana. "Reality show, reprogramação do corpo e produção de esquecimento". *Trópico*, Nov. 2004, http://pphp.uol.com.br/tropico/html/textos/2469,1.shl.
[80] Sobre o debate suscitado pela primeira operação desse tipo, cf. "Cientistas querem fazer transplante total de face". *Jornal da Ciência*, Nº 2534, 28/05/2004; "Críticas por el transplante de cara". *La Nación*, Buenos Aires, 5/2/2005.

Mas não é necessário recorrer a esses casos radicais, mesmo sendo sintomáticos deste importante movimento. Embora (ainda?) se localizem em seus extremos, fazem parte de um repertório técnico e cultural cada vez mais familiar, que inclui tatuagens, cirurgias estéticas, musculação, *piercings* e diversas estratégias de *body modification*. Todas tentativas de responder a um imperativo cada vez mais insistente e difícil de se conseguir: a obrigação de ser *singular*. Com esse fim, o próprio corpo se torna um objeto de *design*, um campo de autocriação capaz de permitir a tão sonhada distinção dos demais exibindo uma "personalidade autêntica". Ser *diferente* é um dever que não pode ser descuidado: é preciso converter o próprio **eu** em um **show**, espetacularizar a própria personalidade com estratégias performáticas e adereços técnicos, para se tornar um **personagem** atraente no competitivo mercado dos olhares.

O espetáculo da intimidade: ficcionalizar a própria solidão

Neste contexto ganham novo fôlego as "tiranias da intimidade", denunciadas por Richard Sennett em 1974. O catálogo de táticas midiáticas e de marketing pessoal não deixa de se renovar, desorbitando o escopo da esfera íntima e acentuando o descrédito com relação à ação política. Enquanto não se solicita à *celebridade* que sua "personalidade artística" produza necessariamente uma obra ou que se manifeste no espaço público à moda antiga, os limites do que se pode dizer e mostrar se alargam compulsivamente, invadindo o velho terreno da privacidade. Assim, a noção de **intimidade** vai se desmanchando: deixa de ser um território onde imperavam (e *deviam* imperar) o segredo e o pudor, para se tornar um palco onde cada um pode (e *deve*) encenar o *show* de sua própria personalidade.

Tudo isto ocorre numa época na qual o "fetichismo da mercadoria" enunciado por Marx no século XIX se estendeu pela superfície do planeta, tudo cobrindo com seu verniz dourado e com suas rutilantes "alegrias do marketing". Absolutamente tudo, inclusive aquilo que se acreditava pertencer ao núcleo mais íntimo de cada sujeito: a *personalidade*. Assim, as subjetividades se tornam "identidades *prêt-à-porter*", perfis padronizados e facilmente descartáveis, como bem diagnosticara Suely Rolnik. Assim como os corpos humanos, os modos de ser também se convertem em mercadorias lançadas aos nervosos vaivéns do mercado global. Tornam-se fetiches desejados e cobiçados, que podem ser comprados e vendidos, repentinamente valorizados quando irrompem como novidades cintilantes e logo descartados como obsoletos, fora de moda, *out*. Por isso, devem ser sempre renovados.

A "personalidade artística", delicadamente esculpida na pedra dura do racionalismo das Luzes pelos arautos do Romantismo, parece ter se generalizado a tal ponto que a eventual obra do (suposto) artista não foi apenas deslocada, mas eclipsada ou dispensada. Hoje proliferam as subjetividades inspiradas nesse "estilo artístico", que fazem de sua **vida privada** e de sua **personalidade** um espetáculo a ser constantemente exibido e atualizado. Ao mesmo tempo, perdem relevância a **vida pública** e a **obra**, antes consideradas fundamentais na própria definição de artista. O corpo e os modos de ser constituem superfícies lisas nas quais todo e qualquer sujeito — estilizado como um artista de si — deve exercer sua "arte", transformando-se num personagem capaz de atrair os olhares alheios. É necessário *ficcionalizar* o próprio eu para *realizá-lo*, para lhe conceder *realidade*, como se estivesse constantemente emoldurado pelo halo luminoso de uma tela de cinema ou televisão, como se vivesse dentro de um *reality show* ou nas páginas brilhosas de uma revista de "gente famosa", ou como se a vida transcorresse sob a lente incansável de uma *webcam*. É assim como se encena, todos os dias, o *show do eu*: fazendo da própria personalidade um espetáculo.

Não é necessário recorrer ao drama quase moderno (e **fictício**) do filme *Truman Show*; recentemente, atendendo a uma convocação da rede de TV alemã RTL, mais de 26.000 pessoas se inscreveram para participar num *reality show* sem previsão de fim, uma espécie de *Truman Show* consentido, eterno e **real**. O resto da vida das 16 pessoas finalmente escolhidas pela produção do programa irá transcorrer em uma cidade cenográfica, com todas as suas ações (e inações) constantemente registradas por dezenas de câmeras que as transmitirão ao vivo pela TV.[81] Daí o sucesso dos *blogs, fotologs, videologs, webcams, orkuts* e semelhantes: eles também estão respondendo a esta insistente demanda atual. Os novos gêneros autobiográficos da internet permitem que "qualquer um" possa virar **autor** e **narrador** de um **personagem** atraente, que cotidianamente faz de sua intimidade e sua "vida privada" um espetáculo destinado a milhões de olhos curiosos de todo o planeta. Esse personagem se chama *eu*.

Mas o que caracteriza mesmo um *personagem*? Qual seria a diferença com relação a uma pessoa *real*? Ana Bela Almeida, crítica literária de origem portuguesa, fornece uma resposta instigante, que pode ajudar a esclarecer alguns sentidos destas curiosas práticas contemporâneas: a diferença residiria na solidão e na capacidade de estarmos a sós. Ao contrário do que ocorre com os comuns mortais, os personagens jamais estão sozinhos. Sempre há alguém para observar o que eles fazem, acompanhando seus atos, pensamentos, sentimentos e emoções. "Há sempre um leitor, uma câmara, um olhar sobre a personagem que lhe tira o caráter humano", constata Almeida com toda a astúcia. Já no nosso heroísmo (ou anti-heroísmo) de cada dia, não costuma haver ninguém como testemunha. Que importa, então, se em algum momento fomos bons e belos, únicos, quase imortais? Se ninguém nos viu, neste contexto cada vez mais dominado pela lógica da visibilidade, poderíamos pensar que simplesmente *não fomos* (não existimos?).

É nessa solidão, então, nesse isolamento íntimo e privado que foi tão fundamental para a construção subjetiva de um tipo de ser humano (o *homo psychologicus* da Modernidade) que residiria o grande abismo que ainda teima em nos separar das personagens: essas figuras quase humanas, que muitas vezes também parecem estar na mais completa e terrível solidão... porém tudo acontece "sob os holofotes atentos da leitura". Ou melhor ainda: das câmeras de Hollywood — ou, pelo menos, nem que seja de uma modesta *webcam* caseira.

---

[81] CORREA, Sergio. "Gran Hermano de por vida". *La Nación*. Buenos Aires, 08/02/2005.

Desta perspectiva, essa ambição de fazer do próprio **eu** um **espetáculo** seria uma tentativa mais ou menos desesperada de satisfazer um velho desejo humano, demasiadamente humano: afugentar os fantasmas da solidão. Uma meta especialmente complicada quando florescem estas subjetividades exteriorizadas, projetadas na visibilidade, que parecem estar perdendo a forte âncora fornecida pela "vida interior": aquele espaço íntimo e oculto aos olhares alheios, que *precisava* da solidão e do silêncio para se autoconstruir. Nesta sociedade tão atomizada pelo individualismo como fascinada pelo exibicionismo, parecem se esfacelar todos os laços sociais capazes de ultrapassar as "tiranias da intimidade" a fim de enxergar, no horizonte, algum sonho coletivo: uma transcendência, um futuro diferente, algo que se projete para além das mesquinhas contrições do *eu* presente — talvez, enfim (por que não?), até mesmo algo tão antiquado como uma obra.

Referências bibliográficas

ALMEIDA, Ana Bela. "Entre o Homem e a Personagem: uma questão de nervos". *Ciberkiosk*. http://www.ciberkiosk.pt/ensaios/almeida.html.

BARTHES, Roland. "A Morte do Autor". *O Rumor da Língua*. Lisboa: Edições 70, 1987.

BEZERRA, Benilton. "O ocaso da interioridade e suas repercussões sobre a clínica". In: PLASTINO (org.). *Transgressões*. Rio: Contra Capa, 2002, p. 229-239.

BENJAMIN, Walter. "A Obra de Arte na Época de sua Reprodutibilidade Técnica". *Obras Escolhidas:* Magia e Técnica, Arte e Política. São Paulo: Ed. Brasiliense, 1986, p. 165-196.

BLANCHOT, Maurice. "El diario íntimo y el relato". *Revista de Occidente*, N° 182-183, Madri, Jul-Ago 1996, p. 47-55.

CELES, Luiz Augusto. "A psicanálise no contexto das autobiografias românticas". In: *Cadernos de Subjetividade*. São Paulo: PUC-SP, v. 1, n. 2, Set/Fev 1993, p. 177-203.

COSTA, Jurandir Freire. *O vestígio e a aura*: Corpo e consumismo na moral do espetáculo. Rio de Janeiro: Ed. Garamond, 2004.

DELEUZE, Gilles. "Post-Scriptum sobre as sociedades de controle". *Conversações*. Rio de Janeiro: Editora 34, 1992, p. 209-226.

FOUCAULT, Michel. "L´Écriture de Soi". In: *Dits et Écrits, 1954-1988*, v. II (1976-1988). Paris: Gallimard, p. 1234-1249.

GABLER, Neal. *Vida, o filme: Como o entretenimento conquistou a realidade*. São Paulo: Cia. das Letras, 1999.

LEJEUNE, Philippe. *Le pacte autobiographique*. Paris: Seuil, 1975.

MUKAROVSKY, Jan. "La personalidad del artista". In: *Escritos de Estética y Semiótica del Arte*. Barcelona, Gustavo Gili, 1977.

ROLNIK, Suely. "Toxicômanos de identidade: Subjetividade em tempo de globalização". In: LINS, Daniel (org.). *Cadernos de Subjetividade*. Campinas: Papirus, 1997, p. 19-24.

SENNETT, Richard. *O declínio do homem público:* Tiranias da intimidade. São Paulo: Companhia das Letras, 1999.

SIBILIA, Paula. *O Homem Pós-orgânico*: Corpo, subjetividade e tecnologias digitais. Río de Janeiro: Relume Dumará, 2002.

_____. "Os diários íntimos na Internet e a crise da interioridade psicológica". In: LEMOS, André e CUNHA, Paulo (Orgs). *Olhares sobre a Cibercultura*. Porto Alegre: Ed. Sulina, 2003, p. 139-152.

_____. "Filmes de escritoras: a personagem (privada) ofusca a autora (pública)". *Sessões do Imaginário*, Nº 11. Porto Alegre: EDIPUCRS, ago. 2004, p. 10-18.

A expansão do eu na vida cotidiana: a construção da subjetividade em territórios telemáticos

Beatriz Bretas[82]

A entrada no terceiro milênio dá seqüência ao processo de expansão da telemática iniciado nas últimas décadas do século passado. A multiplicação das práticas comunicativas em redes digitais cada vez mais se efetiva no dia-a-dia das pessoas comuns, cruzando interações propiciadas pela internet com interações face a face e participando da realização da vida cotidiana. Nessas condições a "vida real" e a "vida virtual" se afetam mutuamente.

Várias dessas experiências, muitas vezes, nos chamam a atenção pelas inusitadas possibilidades de comunicação e encontro com o outro, a exemplo do "berçário virtual", serviço já oferecido por algumas maternidades no Brasil. Logo após o nascimento, os familiares e amigos podem visitar o bebê pela *web*. Uma câmera de vídeo bem posicionada apresenta o novo ser que chega à sociedade, registrando as imagens em movimento de suas primeiras expressões. Mais tarde, ao adentrar no universo da linguagem, este novo ser poderá fazer uso desse material para a reflexão sobre si, num processo de construção de sua subjetividade.

---

[82] Professora do Programa de Pós-graduação em Comunicação da UFMG. Pesquisadora do CNPq.

Novas formas de convivência e sociabilidade nos incomodam pela vigilância ubíqua, mas também nos surpreendem ao proporcionar encontros e compartilhamentos com o outro. Focando esses fenômenos com um olhar comunicacional pretendemos aqui refletir sobre as possibilidades de construção de subjetividades em ambientes telemáticos, nos quais se apresentam narrativas do eu. São inúmeros os aplicativos que proporcionam essas manifestações, dando visibilidade pública a pessoas comuns que se expressam sobre si em páginas pessoais, *blogs*, *fotologs*, *videologs* e *sites* de relacionamento, dentre outros.

Para desenvolver a reflexão sobre tais fenômenos partimos das idéias de expansão do universo que fazem elos com a expansão da cultura, da tecnologia, do consumo e do "eu". Caminhamos, então, na perspectiva do pensamento complexo, vislumbrando uma cooperação entre os saberes e estabelecendo elos em cadeias, já que tudo "se encontra tecido junto", como já disse Edgar Morin (1998: 4).

Seguindo a complexidade do cosmo...

A vulgarização da ciência, pensada aqui dentro de um sentido positivo de incorporação do conhecimento pelo senso comum, oferece aos indivíduos ordinários noções sobre a expansão do universo. As idéias do astrônomo Edwin Powell Hubble, mais conhecido pelo nome do telescópio homônimo, por volta dos anos 1930, já demonstravam o afastamento das galáxias que se encontram em expansão desde o *Big Bang*. Podemos pensar nas várias dimensões desses fenômenos que não se esgotam no mundo de materialidade física, mas que também encontram correspondências em outras instâncias de realização da vida.

No livro *As cosmicômicas*, Ítalo Calvino (1992) apropria-se com sagacidade dessas concepções que marcaram novas direções para a cosmologia. Incorporando os princípios da expansão, as histórias contadas no livro partem de enunciados científicos cujos postulados encarnam-se na vida cotidiana, abrindo caminhos para outros veios narrativos nos quais se vêem as marcas de outros mundos em dilatação, descritos com humor e inventividade. A cada história contada um novo corpo de idéias ocupa um nicho de sentido, preenchido pela imaginação do escritor em tramas nas quais várias temporalidades podem coexistir.

Para ler *As cosmicômicas* é preciso construir um pacto entre o leitor e a narrativa, para que o primeiro se abra às possibilidades da obra, compreendendo o ato de ler como produção de sentido e como atualização de tramas virtuais, que se expandem dos significantes para além das linguagens. A aventura de ler remete a um desdobramento de sentidos ou a um processo de semiose, que também nos remete à idéia de expansão. O próprio Calvino, na obra *Se um viajante numa noite de inverno*, aponta um significado para a leitura.

> [...] ler significa despojar-se de toda a intenção e todo preconceito para [...] captar uma voz que se faz ouvir quando menos se espera, uma voz que vem não se sabe de onde, de algum lugar além do livro, além do autor, além das convenções da escrita: do não-dito, daquilo que o mundo ainda não disse sobre si e ainda não tem as palavras para dizer (p.243).

Assim, os textos podem liberar vozes diversas que se amplificam e expandem sentidos que se orientam pela cultura, na qual se encontram as referências dos leitores. Aí se situam os valores éticos, as motivações ideológicas, religiosas e psicológicas que se tornam elementos decisivos para a compreensão dos textos, fazendo com que os leitores se tornem co-autores da obra. Tudo isso leva a crer que a chave da produção dos sentidos encontra-se no universo cultural da sociedade.

Ao discorrer sobre a centralidade da cultura na segunda metade do século XX, Hall (1997) aponta para o fato inequívoco da expansão cultural, impulsionada pelo desenvolvimento das tecnologias de informação e comunicação. À disseminação viral dos sistemas midiáticos acrescenta a absorção de enormes contingentes de pessoas envolvidas com produção, circulação e consumo de produtos culturais que, por sua vez, participam da conformação dos processos sociais, das identidades e das subjetividades. Não obstante, ressalta a perspectiva epistemológica da cultura, capaz de produzir quadros de interpretação para as ciências sociais. A chamada "virada cultural" que corporifica esta epistemologia confere uma dimensão de linguagem a todas as práticas sociais que se relacionam a discursos e significados.

É no terreno da cultura que brotam as tecnologias que conformam a subjetividade, propiciando ao indivíduo mecanismos de auto-reflexão que lhe possibilitam a consciência de seu estar no mundo e de sua condição de sujeito. As tecnologias podem ser compreendidas como métodos ou processos de construção e trabalho, o que inclui mecanismos imateriais a exemplo dos algoritmos, cujas regras e operações destinam-se à solução de um problema, ou de uma classe de problemas, em um número finito de etapas. Foucault (1997) formula a expressão "técnicas de si" para designar procedimentos da constituição subjetiva, atribuindo a essas técnicas o papel de operacionalizar o "conhecer-se a si mesmo" (p.109), imperativo da civilização ao lado de outros como ter uma identidade, saber se governar e cuidar de si. Dessa forma, a construção da subjetividade depende de técnicas e tecnologias capazes de dotar ao sujeito a consciência de si e de sua identidade, sempre em modelação.

Para Foucault, a "tecnologia de si" corresponde à "... reflexão sobre os modos da vida, sobre as escolhas da existência, sobre o modo de regular a sua conduta, de se fixar a si mesmo fins e meios" (1997: 112). Tais fins são construídos como formas de resistir aos acontecimentos, dar prosseguimento ao devir e de agir racionalmente. É necessário, então, transformar o discurso em conhecimento interior, de forma a torná-lo um equipamento capaz de contribuir para o alcance desses fins.

As tecnologias intelectuais, que propiciam esses saberes, ativam fundações culturais que comandam a apreensão do real e participam da construção de nossas imagens e conceitos sobre o mundo, carregando desejos e outras subjetividades aí incrustadas. A compreensão de ser sujeito, da qual a cultura participa ativamente, é passível de narração, tal e qual outras matérias culturais que se revelam a partir de algum tipo de inscrição. Se a cultura e todas as suas práticas têm uma dimensão discursiva, o sujeito também é constituído como discurso, ou uma expressão sobre si, capaz de produzir um pensamento sobre si mesmo.

As tecnologias informáticas também se prestam a funcionar como "tecnologias de si" e podem participar ativamente da construção de subjetividades. Nesse aspecto podemos conectar as relações entre consumo e tecnologia numa abordagem de consumo tecnológico, já que as máquinas e o os programas acabam configurando-se como mercadorias.

Uma prospecção sobre essas subjetivações foi objeto da revista americana *Business Week*[83] no último ano do século XX. Tratava-se de um exercício de futurologia apresentando 21 idéias para o século XXI, dentre as quais aparecia um engenhoso dispositivo identificado como o "capturador de almas", algo que acena para a realização do desejo de imortalidade do "eu". Trata-se de uma simulação da atividade cerebral de um indivíduo, tornando possível para as futuras gerações conversarem com o equivalente virtual dessa pessoa anos após a sua morte, compreendendo um registro da subjetividade passível de recuperação.

De acordo com a matéria, aproximadamente em 2030, a tecnologia poderá ser desenvolvida para simular a atividade elétrica do sistema nervoso, permitindo que os pensamentos e sentimentos sejam preservados. Versões iniciais para esse "capturador de almas" já estariam sendo desenvolvidas. A vida de uma pessoa poderia ser gravada usando microcâmeras de vídeos alocadas em molduras de óculos. A revista afirma que a IBM estaria desenvolvendo um *software* para indexar essas gravações, tornando possível que os usuários alcancem com facilidade um momento específico daquela vida. Prevê-se, então, que, por volta de 2099, um *software* "emancipador de almas" poderá reconstruir pensamentos e sentimentos de uma pessoa, permitindo que as gerações futuras recebam respostas reais às perguntas feitas a uma pessoa morta há anos.

Realidade ou não, o fato é que a tecnologia digital evoca para si a tarefa, dentre outras, de digitalizar o eu, fazendo com que algo da es-

---

[83] *The mind is immortal*. *Businessweek Online*: Aug. 30, 1999. Issue: 21 ideas for the 21st century. http://www.businessweek.com/1999/99_35/b3644001.htm, Acesso em 30 /08/2006.

sência do sujeito permaneça vivo. A proliferação de *blogs*, *fotologs* e *videologs*, destinados a apresentar e registrar manifestações de seus autores na internet, aponta para novas maneiras de exposição dos sujeitos, aliando imagens e sons fixados em bases digitais. Os sujeitos se dão a conhecer pelo outro, mas também, ao abstraírem idéias de si nesses registros, estariam se conhecendo. Esses registros são narrativas compostas de enunciados verbais e outras formas de inscrição que apontam para a materialidade concreta das pessoas focalizadas.

Pensando na ação de aprender, de vincular o conhecimento ao sujeito, Foucault ressalta a importância das técnicas da escuta e da escrita. Relembrando Plutarco, desfia algumas condutas essenciais ao bom ouvinte: "A atitude física a ser tomada, a maneira de dirigir a atenção, o modo de reter o que acaba de ser dito" (p.129). Para a escrita, de cunho pessoal, à moda da época, assinala que era essencial "tomar notas das leituras, das conversas, das reflexões que se ouvem ou que se fazem a si mesmo" (p.129). Assim, para aprender a si mesmo, essas técnicas também podem ser apropriadas pelo sujeito em busca da consciência de si.

A idéia de expansão do conhecimento, traduzindo uma vontade de verdade do sujeito cognoscente, conta com um aparato de instituições de variadas naturezas, desde as educacionais até o sistema midiático, que se incumbem formal ou informalmente de dar conta dessa tarefa. Contudo, essa vontade de conhecer é relativa aos valores conferidos pela sociedade aos saberes vigentes. Valores hegemônicos dos contextos socioculturais acabam por dar o tom ou moldar padrões para as subjetividades.

O campo da comunicação midiática pode ser compreendido a partir de sua autonomia, conferida por uma organização própria e distinta, com funções de dar visibilidade às ordens axiológicas de outros campos que participam do tecido social. Para Adriano Rodrigues, o processo de autonomização do campo midiático decorre da "recente extensão da tecnicidade aos domínios da manipulação das relações sociais, das relações subjetivas e do mundo da linguagem" (1997: 74). Assim, podemos dizer que, o desenvolvimento da tecnologia informática é hoje um dos motores do crescimento do campo midiático.

A esfera da produção de bens materiais e simbólicos, também em expansão, tem no sistema midiático sua base de operações de visibilidade como forma de ampliar o consumo, carregando em seu discurso diversas ordens de valores endereçados a diversos segmentos de consumidores. No que tange aos bens simbólicos, os contatos e o intercâmbio cultural entre os povos na última década do século XX sofreram um aumento sem precedentes na história da humanidade. Um estudo da Unesco, citado no *Human Development Report 1999* (United Nations Development Programme, 1999), mostra que o comércio de bens culturais no mundo, incluindo materiais impressos, literatura, música, artes visuais, cinema e fotografia, equipamentos de rádio e televisão, teve um crescimento de $67 bilhões para $200 bilhões entre 1980 e 1991. Ao que tudo indica, esta tendência só tem aumentado. É notório o crescimento vertiginoso do consumo de produtos que se relacionam à comunicação e informação. Basta ver o peso dos itens referentes a essas categorias no orçamento da classe média, abrangendo gastos que contemplam as contas de aparelhos telefônicos fixos e celulares, TV por assinatura, jornais e revistas semanais, provedores de internet, entre outros itens.

O sistema midiático, com o advento da digitalização e da telemática, acelera sua expansão, arregimentando novos mecanismos de propagação que encontram novos nichos de mercado e novas oportunidades de negócios. Nos domínios da internet, vende-se de tudo num incomensurável *shopping center* eletrônico, no qual os recursos multimidiáticos são cada vez mais sofisticados para produzir efeitos de demonstração dos produtos ofertados. Facilidades e dificuldades são criadas para a distribuição de determinados bens simbólicos como a troca de músicas pela internet, reconfigurando radicalmente as estratégias da milionária indústria fonográfica.

O *Washington Post*, de 28 de julho de 1999, noticiou que a busca pelo termo MP3 suplantou a palavra "sexo" como o termo mais popular nos *search engines* da internet. A matéria abordava a constatação da Associação Americana da Indústria Fonográfica da primeira queda nas vendas de discos na faixa de idade entre 14 e 24 anos, observada em

1998. Os motivos atribuídos pela entidade foram as transferências (*downloads*) de músicas através da internet.

A expansão da comunicação digital, por sua vez, exige que o consumidor remodele suas práticas. A eficácia de suas ações de compra passa a depender de *hardware* e *software*, o que acaba por determinar a venda em massa de máquinas e programas capazes de tornar os consumidores hábeis compradores. Tudo isso gera novas ondas de consumo, provocando a aquisição de novas versões desses produtos, bem como de novos suportes. O desenvolvimento tecnológico funciona como uma espécie de motor para a expansão do consumo, tanto em direção ao aprimoramento dos mecanismos das transações quanto em direção ao consumo tecnológico.

A internet pode ser identificada como um imenso ambiente midiático, no qual as grandes corporações da mídia tradicional se estabeleceram rapidamente, de maneira hegemônica, desde o início da popularização da rede. Além dessas, uma quantidade enorme de outras instituições também marca sua presença no ciberespaço, garantindo veículos próprios de comunicação para a interação com seus públicos.

Ainda assim, tornou-se espaço midiático de pessoas comuns, que também asseguram suas glebas nesses territórios e incorporam características midiáticas aos seus discursos. Os atributos estéticos da mídia tradicional são, muitas vezes, apropriados pelos sujeitos comuns ao constituírem mídias próprias ou ao participarem de processos de comunicação visíveis na rede (*blogs*, páginas pessoais, fóruns de discussão etc.). Caracterizando-se também como interações midiáticas, as práticas comunicativas desses interlocutores constituem-se como experiências cotidianas (Bretas, 2006).

O eu expandido

É possível encontrarmos nos enunciados desses sujeitos comuns, que se apresentam (e que se constituem) na rede, elementos retóricos do discurso publicitário (veiculado dentro ou fora da *web*) com vistas também a atrair atenção, suscitar interesses, motivar desejos e fundamentar crenças de outros que interagem. Tais elementos passam a funcionar, então, como as "técnicas de si", referidas por Foucault, registrando e fixando as projeções de identidades.

Retomo aqui o estudo que realizei no início da popularização da internet no Brasil, destacando seus usos por adolescentes de Belo Horizonte, no período de 1996 a 1999. A pesquisa foi construída a partir da coleta de 30 *websites* de adolescentes cuja análise evidenciou a fala desses jovens autores, permitindo-me conhecer o "quase-dialeto" que codificava suas conversações. O objetivo era o de visualizar laços sociais, além de estruturar um roteiro para conversas face a face com esses meninos e meninas. De uma certa forma, essas páginas pessoais eram uma versão preliminar dos atuais *blogs*.

A análise desse material visou identificar (ou não) a presença de padrões nas mensagens construídas pelos adolescentes. Ainda que se tenha destacado a existência de uma grande diversidade de repertório entre esses internautas, foi possível, desde o princípio da investigação, observar a existência de recursos e temas recorrentes nas narrativas desses locutores.

Muitos jovens apresentavam seus retratos fotográficos. A exibição da própria fotografia proporcionava a concretude e a confirmação dos enunciados que descreviam o autor da página, complementando frases lingüísticas. O enquadramento das fotografias sempre mostrava o rosto, revelando indícios da opção dos autores de se individualizarem e de se identificarem.

Essas imagens davam veracidade aos atributos destacados em textos de apresentação do autor. As fotografias apresentavam a identidade através dos trajes e acessórios, do corte de cabelo, da postura, ou seja, de elementos que se constituem como signos de linguagens não-verbais, podendo indicar faixa etária, condição socioeconômica, traços de personalidade, entre outras características. Esses retratos são, por proeminência, signos indiciais e destacam a figura como registro, promovendo uma conexão dinâmica com o objeto fotografado (Santaella,

1989). A indexicalidade do signo aponta para uma existência material das pessoas fotografadas.

A maior parte das páginas destacava tópicos especiais sobre o autor (locutor), por meio de textos nos quais ele se apresentava de maneira introdutória ou por intermédio de *links* internos, que remetiam a uma página associada, específica para descrever sua trajetória de vida, sua inserção na família e na sociedade. Tais páginas eram arquivos em "html[84]" que, curiosa e sugestivamente, muitas vezes recebiam o nome de "eu.html".

Para nomear o arquivo que armazena os atributos do sujeito, o locutor lança mão do pronome pessoal. Pronomes pessoais, assim como os demonstrativos e outros vocábulos, são expressões verbais designadas como unidades dícticas, que têm a propriedade de fazer referência ao contexto situacional ou ao próprio discurso: "... ao tomar a palavra, o locutor institui-se a si próprio como eu, mas ao mesmo tempo institui o seu interlocutor como tu" (Rodrigues, 1999: 11). Assim, os arquivos "eu.html" constituíam referenciais para apontarem o sujeito e seus possíveis interlocutores. O tomar a palavra nas condições de expressão da *web* significava produzir enunciados não só lingüísticos, mas também visuais e sonoros, muitas vezes apanhados de "empréstimo" em outros *sites*.

Essa situação pode ser analisada em termos da noção de quadro enunciativo que designa uma série de componentes utilizados para conferir significação aos enunciados, sendo formado por evidências que permitem aos interlocutores compartilhar os sentidos. Este quadro pode ser comparado à moldura que circunda a tela de um pintor ou ao palco onde se desenrola a representação teatral, constituindo-se como um espaço que delimita o mundo do discurso (Rodrigues, 1999: 9).

É impossível enumerar todos os componentes de um quadro enunciativo, mas alguns destes elementos, no caso do estudo das pági-

---

[84] *Hypertext Markup Language*. Linguagem de produção de páginas para a www.

nas, eram óbvios, como a identificação daquele que falava, assim como o lugar de onde se falava e quais eram os motivos da locução. No caso desses *sites*, à maneira de uma comunicação epistolar ou de uma conversa telefônica em que os interlocutores se encontram fisicamente separados, é necessário que o locutor se identifique e situe o lugar de onde fala. Na maior parte das situações analisadas, os signos do consumo conferindo identidade foram uma constante.

Uma página emblemática desse estudo trazia ao centro da tela com fundo preto a fotografia recortada do rosto do autor, abaixo da qual sobressaía a palavra "EU", que funcionava como passagem para um arquivo de informações pessoais. Outras figuras recortadas, que funcionavam como *links* para outras áreas do *site*, circundavam a foto central e associavam-se a palavras grafadas sobrepostas às imagens. Um globo terrestre associava-se à palavra LINKS; uma sobreposição de fotos de estádios de futebol e edificações urbanas, montadas sob o formato de um mapa do Brasil, ligavam-se à palavra GERAL; um instrumento de navegação à moda de filmes de ficção científica designava a palavra PROCURA, remetendo-se aos mecanismos de buscas da *web*; um disquete apontava para ARQUIVOS; o rosto da Mona Lisa referia-se ao termo MÍDIA; o desenho de uma nota musical unia-se à sigla MIDI[85], numa referência a um formato de mídia digital sonora; um automóvel Ferrari, na cor vermelha, ligava-se ao vocábulo CARROS.

Esse conjunto de imagens e palavras, que também adquirem uma força visiva, compõe o que podemos chamar de um "discurso sobre si" que pode ser equiparado a um "anúncio de si". O eu que se apresenta faz uma apropriação da linguagem publicitária, formulando um jogo retórico de persuasão para a conquista do outro. As imagens recortadas são signos de pertencimento vinculados ao consumo. A explícita centralidade do EU que interpela o outro (que norteia o eu) é marcada pelo rosto que confere individualidade. A referência ao Brasil, as marcas de consumo cultural, e de tecnologia, organizam o quadro enunciativo

---

[85] *Musical Instrument Digital Interface.*

e ajudam a conferir identidade ao locutor, evocando intertextualidades possivelmente compartilhadas pelo outro.

Para Goffman (1975), a expressividade do indivíduo, no contexto das interações face a face, deriva de sua capacidade de impressionar e inculcar no outro aquilo que se deseja projetar. Guardando as especificidades das relações presenciais, é possível observar as expressões de sujeitos em páginas da *web* como um jogo de cena, no qual os autores de páginas na *web* podem ser considerados personagens que atuam com outras personagens (leitores/internautas), que também exercem o papel de platéia. Diferente das situações conversacionais não mediadas (Braga e Calazans, 2001), ocorrem aí interações de caráter difuso, nas quais os autores recorrem a vários recursos de linguagem para impressionar a platéia/personagens. Entretanto, existem aspectos governáveis e não-governáveis no envio de informações, sendo que estes últimos podem ser utilizados pelos outros para comprovar a validade das emissões governáveis. Desta forma é possível encontrar conotações não previstas pelos autores às mensagens, abrindo o leque dos sentidos à leitura.

As apresentações dos autores incluíam seus nomes (muitas vezes também os sobrenomes). Vários expunham seus apelidos, muitas vezes ligados ao universo musical dos jovens. Enunciar o apelido no momento da apresentação traduzia intimidade e informalidade no contato com o visitante da página. Em alguns casos, quando os adolescentes justificavam a origem de seus apelidos, era possível perceber a intenção de transparecer uma história de vida ou, pelo menos, a de dar a conhecer seus componentes principais para que se projetassem alguns conceitos que poderiam ser chaves para a elucidação da identidade daquele que se apresentava, demonstrando querer ser reconhecido, mais do que ficar escondido pela máscara produzida pelo *nick*. Conforme o estudo de Bechar-Israeli (1995) sobre o uso de *nicknames* dentro das práticas dos chamados IRC (*Internet Relay Chat*), os participantes escolhem nomes originais de modo que possam ser identificados como uma mesma pessoa na conversação, sendo experienciados como uma extensão do "eu" ou um "eu eletrônico", ainda que possam proporcionar o anonimato. Os apelidos servem, de uma certa maneira, para chamar a atenção do interlocutor para a peculiaridade do indivíduo que o apresenta, portando-o como uma marca única. Entretanto, podem também servir para esconder a identidade, tal qual a camuflagem do camaleão.

Alguns anos depois...

As páginas pessoais, tão efusivas nos primórdios da www, cederam lugar a outros tipos de publicações, que cada vez mais exigem menos do produtor em termos de conhecimento de linguagens digitais. *Blogs, fotologs* e *videologs*, que também cumprem funções de dar expansibilidade ao eu, são dependentes apenas de processos de *upload*[86] facilmente operacionalizados de maneira intuitiva.

O sucesso entre os brasileiros do ambiente virtual de relacionamentos conhecido como *Orkut* pode ser atribuído, entre outros motivos, às facilidades de publicação de conteúdos, mesmo quando as interfaces do programa traziam coordenadas em inglês. Além do mais, o ambiente oferece formas padronizadas de apresentação do locutor, incluindo formulários para preenchimento, cujos campos demandam respostas a perguntas básicas para enunciarem à plateia (ou aos interlocutores) quem é aquele que se apresenta e quais são seus atributos.

Esses padrões, propostos pelo programa para descrever uma pessoa em traços mais ou menos rápidos, envolvem informações sobre estado civil, nacionalidade e lugar onde vive, além de dados sobre vários tipos de preferências, desde as sexuais, passando pelas literárias, musicais, gastronômicas, dentre outras. Para dizer ao outro sobre o seu estilo, a pessoa pode se classificar de acordo com um pequeno inventário de maneiras de ser, que entre parênteses fornece a quem preenche os campos uma explicação para orientá-lo na escolha, de modo que fique claro o que se quer dizer com cada opção:

---

[86] "**Upload** é a transferência de arquivos de um cliente para um servidor. Caso ambos estejam em rede, pode-se usar um servidor de FTP, HTTP ou qualquer outro protocolo que permita a transferência". http://pt.wikipedia.org/wiki/Upload

- alternativo (meu próprio estilo)
- casual (bem informal)
- clássico (estilo tradicional)
- contemporâneo (tenho estilo próprio, não ligo para grifes)
- só visto estilistas famosos (sou vítima das grifes)
- minimalista (roupa é acessório opcional)
- natural (só uso tecidos naturais)
- aventura (normalmente estou pronto para uma expedição)
- elegante (qualidade em primeiro lugar)
- na moda (uso tudo o que é novo e moderno)
- urbano (sigo as tendências das grandes metrópoles)

Encerrando os requisitos para formular o perfil pessoal, o *Orkut* oferece ao usuário a possibilidade de anunciar seus sonhos de consumo e disponibiliza caminhos para que possam ser realizados: "*Se você tem uma lista de presentes pública online* [sic] *no Froogle, Amazon ou algum outro serviço de compras online* [sic], *você poderá compartilhar sua lista com todos os seus amigos no orkut*". [87] Para isto basta preencher no campo correspondente o endereço *on-line* do serviço que oferece o produto.

Tais considerações nos levam a inferir que as tecnologias digitais em rede dão suporte para fazer valer o adágio "diga-me o que consomes e direi quem és". Mas esse "eu" pilhado, construído com fragmentos de outros discursos, produziria, ainda assim, a consciência de si? Consciência de si ou banalização do sujeito?

---

[87] http://help.orkut.com/support/bin/answer.py?answer=30946&hl=pt_BR.

Referências bibliográficas

BECHAR-ISRAELI, H. (1995). From (Bonehead) to (cLoNehEAd): Nicknames, play and identity on Internet relay chat. In: *Journal of Computer-Mediated Communication* [*on-line*]. v.1, n.2. Disponível em: http://jcmc.indiana.edu/vol1/issue2/bechar.html. Acesso em 10/08/2006.

BRAGA, José Luiz; CALAZANS, Maria Regina. *Comunicação e educação: questões delicadas na interface*. São Paulo: Hacker, 2001.

BRETAS, Beatriz. Interações cotidianas. In: FRANÇA, Vera e GUIMARÃES, César (orgs.). *Na mídia, na rua: narrativas do cotidiano*. Belo Horizonte: Autêntica, 2006.

CALVINO, Ítalo. *Se um viajante numa noite de inverno*. São Paulo: Companhia das Letras, 1999.

_____. *As cosmicômicas*. São Paulo: Companhia das Letras, 1992.

FOUCAULT, Michel. *Resumo dos cursos do Collège de France*. Rio de Janeiro: Jorge Zahar, 1997.

GOFFMAN, Erving. *A representação do eu na vida cotidiana*. Petrópolis: Vozes, 1975.

HALL, Stuart. A centralidade da cultura: notas sobre as revoluções culturais do nosso tempo. In: ***Educação e Realidade***, Porto Alegre, UFRGS, v.22, n.2, p.15-45, 1997.

MORIN, Edgard. Os países latinos têm culturas vivas. In: *Jornal do Brasil*, Rio de Janeiro, 05, set., 1998. p. 4. Caderno Idéias/Livros.

RODRIGUES, Adriano Duarte. *Discurso e sociabilidade*. Belo Horizonte, Compós, 1999. (Trabalho apresentado no 8º Encontro Anual da Compós, GT Comunicação e Sociabilidade).

RODRIGUES, Adriano Duarte. *Estratégias da Comunicação*. Lisboa: Presença, 1997.

SANTAELLA, Lúcia. Por uma classificação da linguagem visual. In: *FACE*, São Paulo 2(1), p. 43-67, jan./jun. 1989.

UNITED NATIONS DEVELOPMENT PROGRAMME - UNPD. *Human Development Report 1999*. Londres, 1999.

CARACTERÍSTICAS DESTE LIVRO:
Formato: 14 x 21 cm
Mancha: 10,5 x 17,0 cm
Tipologia: Times New Roman 10,5/14
Papel: Ofsete 75g/m² (miolo)
Cartão Supremo 250g/m² (capa)
Impressão: Sermograf
1ª edição: 2007

*Para saber mais sobre nossos títulos e autores,
visite o nosso site:*
www.mauad.com.br